为学生架设攀升的阶梯

基于创新素养提升的小学信息技术教学实践研究

任　辉◎著

北京大学出版社
PEKING UNIVERSITY PRESS

图书在版编目(CIP)数据

为学生架设攀升的阶梯：基于创新素养提升的小学信息技术教学实践研究 /
任辉著 . — 北京：北京大学出版社，2022.3
　　ISBN 978-7-301-32860-6

Ⅰ.①为… Ⅱ.①任… Ⅲ.①计算机课－教学研究－小学 Ⅳ.① G623.582

中国版本图书馆 CIP 数据核字（2022）第 024828 号

书　　　　名	为学生架设攀升的阶梯：基于创新素养提升的小学信息技术教学实践研究
	WEI XUESHENG JIASHE PANSHENG DE JIETI: JIYU CHUANGXIN SUYANG TISHENG DE XIAOXUE XINXI JISHU JIAOXUE SHIJIAN YANJIU
著作责任者	任　辉　著
责 任 编 辑	刘清愔　于　娜
标 准 书 号	ISBN 978-7-301-32860-6
出 版 发 行	北京大学出版社
地　　　　址	北京市海淀区成府路 205 号　100871
网　　　　址	http://www.pup.cn　新浪微博：@ 北京大学出版社
电 子 信 箱	zyl@pup.pku.edu.cn
电　　　　话	邮购部 010-62752015　发行部 010-62750672
	编辑部 010-62750539
印 刷 者	北京中科印刷有限公司
经 销 者	新华书店
	730 毫米 ×980 毫米　16 开本　17.5 印张　200 千字
	2022 年 3 月第 1 版　2022 年 3 月第 1 次印刷
定　　　　价	78.00 元

前　言

　　本书作者为小学信息技术教学的一线教师，多年来坚持教育教学实践耕耘，具有小学信息技术教学与研究的丰富经验；本书从小学信息技术教学的目标、内容、方式、评价等几个方面进行阐述说明，并结合大量的小学信息技术教学实践案例予以呈现，使得本书更加贴近小学信息技术教学的实际，能够为小学教育专业师范生、小学信息技术教师、教学研究人员等的实践与研究提供可靠支持。

　　本书在北京大学附属小学的全力支持下，得到了多位专家前辈和老师们的倾心帮助，在此对学校和老师们表示衷心感谢！

　　本书参考或引用了国内外相关的文献资料，如果有遗漏和不准确之处，恳请谅解。在此向书中所有参考文献的作者致以深深的谢意，是你们的辛勤探索与智慧结晶丰富了本书的内容。

　　由于作者水平有限，疏漏之处在所难免，敬请广大读者批评指正。

目　录

第一章

教学设计篇
——基于学生需要的设计

··第一节 "以学定教"的教学设计维度··

美国教育家杜威（John Dewey）指出儿童是教育的起点，是教育的中心，而且是教育的目的。儿童的发展、儿童的生长，就是教育的理想所在。学生的起点是教学实践展开的基点，学生的需要是教学活动设计实施的起点——以学定教，以需定教。

从建构主义认识论和学习观出发，以学为主的教学设计包含以下几个要点：①让教学活动与实际问题挂钩，以问题为核心驱动学习，问题可以是项目、案例或实际生活中的矛盾；②强调以学生为中心，各种教学因素，包括教师只作为一种广义的学习环境，支持学习者的自主学习，支持和诱发学习者发掘或形成问题，并利用它们刺激学习活动，或确认某一问题，使学习者迅速地将该问题作为自己的问题而接纳；③提供真实的学习任务和学习环境；④强调协作学习的重要性，鼓励学习者相互交流、取长补短，要求学习环境能够支持协作学习；⑤强调非量化的整体评价，采用过程评价，反对过分细化的标准参照评价；⑥为学习者提供必要的援助；⑦设计多种自主学习策略，让学习者拥有学习的主动权；⑧创设条件，让学生有兴趣和能力去检验、积累各种不同的观点，并对这些观点进行分析、综合，以形成更为高级的观点，这有利于学生探索和整合知识以形成对事物意义的建构。

教学设计的一切活动都是为了学生的"学"，变"为教而教"为"为学而教"已逐渐为大家所认同。教学活动的设计和实施，要分析学生特征，基于学生的需要，教师制定教学目标、明确教学起点，在教学过程中尊重学生间的个体差异，采用多种策略激发、促进学生个性化学习，满足学生的成长需求，以达到"以学定教"。"以学定教"体现在教学的各个环节，教师的主导作用必须建立在学生主体作用充分发挥的基础上，教师的"教"是为学生的"学"服务的，教学过程中应始终以学生的"学"为中心。

"以学定教"的教学理念目前已被教育界广泛认同，但对于"以学定教"中"学"的基本内涵的理解更多地停留在宏观的层面："满足学生的成长需求、基于学生的学习准备、尊重学生的个别差异、开发学生的发展潜能和促进学生的学业进步五个方面。"[①]但在实际操作过程中，对"以学定教"中的"学"在微观层面的内涵界定却千差万别。笔者在深入实践并广泛研究的基础上提出了自己的见解，即学生达成教学目标、学习准备、学生特点、学以致用这四个方面之需。图1-1为"学"之微观内涵基础模型。

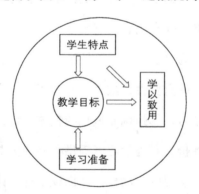

图1-1 "学"之微观内涵基础模型

教学目标指教学大纲所要求达到的教学目的，这是"以学定教"的基础。它涵盖了课程内容、课程要求、课时安排、教学重点、知识要素、拓

---

① 鲍银霞. 以学定教的基本内涵和实现途径 [J]. 现代教育论丛，2008(4):74-78.

展方向等教学要素。

　　要围绕教学目标这个核心，在充分了解学生特点和学习准备的基础上制订教学计划。学习准备是指学生在学习之前已经掌握的与此课程相关的储备知识与技能，根据储备知识与技能的掌握程度和熟练程度，在教学设计中做适当复习或提示是非常有必要的。

　　学生特点包括学生群体与学生个体两个方面。学生之间存在差异，这体现在知、情、意、行等多个层面。对学生特点差异的研究可以帮助教师在教学设计时既能适应大多数学生的状况，又能照顾到位于两极的学生的不同需求，使两极的学生都能保持充分的学习热情，掌握所学知识。

　　学以致用的含义有三：一是掌握相关知识与技能，二是有学习的方法，三是能解决现实问题。所学无用，学生就会失去兴趣和学习目标；学有所用是激励学生学习最有效的方法。浅学者有浅用，深学者有深用，凡所学即有所用。在教学设计中只有展示这一特点才能使学习后进者不掉队、有成就感，使学生的学习兴趣更加盎然。

　　"以学定教"的教学设计是在充分考虑以上四个方面的基础上做出的。其设计程序中包含了前期分析、目标选择、教学设计、过程控制和结果评价五个维度。

　　图 1-2 为"以学定教"之教学设计的五个维度。

图 1-2　"以学定教"之教学设计的五个维度

一、前期分析

教学设计是在"以学定教"的原则指导下，基于对"学"之微观内涵的基础模型中的四个基本要素予以充分分析的基础上做出的。前期分析需要遵循分析准确、方向准确、重点突出三个原则，在整个分析过程中要用这三个原则对要素进行分析，这样才能保证分析结果的准确，具体分析方法如下。

1.分解各要素，从中选择重点要素

首先是对学生特点、教学目标、学习准备、学以致用进行分解，把每个部分分解成若干要素，从被分解的要素中选择其共性特征，并找出重点要素。这些重点要素是进行教学设计的基本依据。

比如在"花中四君子——利用自选图形添加文章插图"一课的教学设计中，以教学对象为北京大学附属小学四年级学生为例，各要素分析如下。

（1）学习准备分解要素

①已掌握绘图工具栏中插入简单图形的方法；

②初步掌握在图形框中插入文字的方法；

③可以利用美术知识用纸笔画出梅兰竹菊的大体形状，但抽象概括能力不强；

④在电脑上通常应用画图软件绘制图画，可以根据参考提示来进行创作；

⑤初步了解图文相互配合的作用；

⑥一小部分学生的艺术审美能力较强；

⑦部分学生对插入图形操作很熟悉；

⑧普遍对 Word 文件格式已非常了解；

⑨普遍对存储路径和文件管理很熟悉。

（2）学生特点分解要素

①已经初步掌握了 Word 基本知识；

②学会了绘图工具栏中简单工具的使用方法，会使用绘图工具栏中的直线、矩形和椭圆等工具画出简单的画，并为文章配插图；

③已经具备了一定的自学探究能力；

④已经具备了一定的欣赏阅读文章、体会文章情感的能力。

（3）教学目标分解要素

①学会用自选图形设计图案、在自选图形中添加文字、设置自选图形的填充效果和阴影效果、调整图形的叠放次序；

②通过讨论图形和文字的关系，能够合理、灵活使用知识解决实际问题；

③学生体会并逐渐掌握主动探究的学习方法；

④学生在思考、分析图形与文字关系的过程中增强正确处理事物相互关系的意识；

⑤提升学生的审美情感，通过阅读体会来渗透思想品德教育。

（4）学以致用分解要素

①运用所学知识完成文章的简单插图；

②制作图文搭配和谐的作品；

③分析文字与图片（图形）的关系，形成正确认识；

④分析自己和他人的作品，进行客观准确评价并能提出可行性建议。

2. 根据以上四项要素分析，取其共同点和重要元素

①本课的关键在于使学生掌握图形设置和在图形中加入说明文字的方法；

②必备学前知识为：图形插入、存储与调取路径，文字排版能力，对文字与图的关系的简单认识；

③学生已具备掌握基本操作工具（硬件和软件）的能力；

④能力强的学生在审美、文字处理与计算机操作方面能力较强，可以发挥他们的榜样作用；而能力相对较弱的学生则需要教师予以帮助。

二、目标选择

根据前期研究结果，综合各重要元素，设立课程总体目标和各阶段目标。课程总体目标是满足大多数同学的基本要求，在符合教学大纲基本要求的基础上确立的；根据前期分析，设立各阶段目标，应适应不同水平学生的差异。

仍以"花中四君子——利用自选图形添加文章插图"为例，课程总体目标即让学生学会根据文章内容和提示要求选择适当图形，在文章中置入图形，在图形中加注文字并美化。较高层次的目标：灵活运用知识，将选择图形的要求提高为利用画图软件设计图形；正确认识图形与文字的关系。较低层次的目标，也就是保底目标：只要求完成各项基本操作，不对审美和文字与图形关系提出更高的要求。拓展目标，也就是课外目标：要求学生在完成语文作文的同时，加入适当图形及文字说明，这种拓展可以与语文教师联合，由语文教师提出，信息技术教师评判。

图 1-3 为课程目标选择示意图。

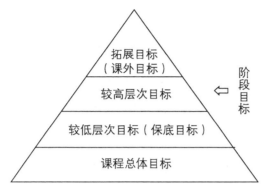

图 1-3 课程目标选择示意图

三、教学设计

教学设计是指在进行前期分析和目标选择之后，采用系统、科学的方法，运用现代教育理论、学习理论对教学目标、教学内容等进行具体计划，充分预设，确立策略手段，创设教学的动态生成过程。

图 1-4 为教学设计过程示意图。

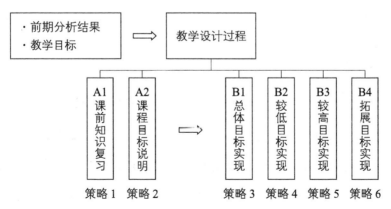

图 1-4 教学设计过程示意图

例如：课前知识复习，教师可以用 PPT 提供与课程相关的基础课前知识，并进行演示，起到让学生复习和唤起学生原有知识经验的作用，使学生原有的这些知识要素能够在这堂课中得到应用。

在练习过程中，将学生分组，可以分为高 A、中 B、低 C 三个层次。首先 B 组学生跟随教师同步学习并操作，C 组学生观察回答，A 组学生就操作过程提出问题。然后教师再系统解决学生操作过程中遇到的普遍问题。接下来由 C 组学生完成符合基本要求（保底目标）的任务，在此之前，由于 C 组学生已通过观察了解了实际过程，辅以教师提供的帮助，他们能够顺利完成基本要求的操作。在所有学生完成操作之后，教师对提高性的要求做出说明，同时布置适合 A、B、C 三组学生的不同练习题。由学生根据自己的情况选择题目任务并完成。

同时还可以再次将学生进行如下分组：A 类为理解和接受能力较强的学生，B 类为绘画意识比较好的学生，C 类为执行力较强的学生。将这三类学生分配在同一组，让他们进行合作，各自发挥所长，共同完成课程，使他们的积极性得到更好发挥。

四、过程控制

课堂千变万化，不论教师做了多么充分完美的过程设计，课堂教学仍会不可避免地出现一些"意外"。课堂教学起伏跌宕，要求教师具有驾驭课堂、调控课堂的能力。这种控制能力实则源自教师日常的积累和设计时的充分预设，从而能够突破难点，化解意外，适时调整课堂的起伏、快慢、放收、疏密、动静。

例如：

（1）在"花中四君子——利用自选图形添加文章插图"中，在处理教学难点"图形的叠放次序"时，尽管利用课件演示，学生仍然很难理解为什么把图形"上移一层"或"下移一层"需要的内容还是显示不出来。

控制策略：就地取材——利用学生身边几本不同的教材，进行"叠放次序"的演示，学生就很容易理解难点。

（2）在"自定义动画"一课中，教师展示学生前一环节完成的"探索任务"作品。然后请学生谈谈感受：动画效果好不好？为什么？学生回答问题后，教师不急于做归纳总结，而是再次组织学生展开讨论：如何设置对象的动画效果才算好？学生在回答、讨论问题时，答案可能会只局限于对自我或同学的作品展开，但也有可能天马行空，五花八门。

控制策略：充分预设——教师把学生可能涉及的情况进行充分预设，并准备各种动画结果：对象内容的扩展；对象内容的批注、解释；强调突出重点内容；对象出现时间顺序的需要；作品表现形式需要：避免呆板，视觉疲劳……从而避免学生的遗漏或教师在课堂中的仓促紧张。正是由于充分的预设，教学难点被顺利突破。

五、结果评价

学生的素质构成不是单一的，其知识掌握水平、对各项知识的相互贯通、学习方法的提高和延伸、学以致用的能力，都构成了他们学习的总体素质。所以也应该依据教学方法、学生兴趣的形成、掌握知识的水平、应用能力等各个方面对学生进行评价。评价人群包括同行教师、非同行教师、学生这三类。评价方法包括测试、考查，以及在其他课程中的应用、学生交流、教师交流等。以下介绍几种常见的学生评价方法。

①学生自评。课堂中的学生自评有助于学生对自己的学习情况做出自我评价，实现自我激励、自我决策，同时为教师课后检验自己是否实现本课教学目标，提供一定的参考。②学生互评。学生互评有助于激发学生的学习兴趣，具有客观性和公正性。③教师评价。教师及时评价有助于鼓励学生，让他们获得成功的喜悦，调动他们的积极性；特别有助于对学习有困难的学生给予及时肯定，有助于使整个课堂评价过程成为一个激励—提高—再激励—再提高的良性循环过程，实现全体学生的共同成长。④课后作业评价。它为教师检验教学效果提供重要参考，以便教师及时调整教学，促进学生发展。教师利用作业评价记录表记录学生作品的情况，并且汇总至每单元总结，将评价反馈给学生，使学生针对自身学习情况进行阶段性总结，使之获得进步。

与此同时，学生的发展不是朝着单一方向的前行，而是作为一个立体的人在三维空间的发展，因而我们的评价应该围绕教学目标中相互联系、相互渗透的三个维度展开，应该成为一个三维的立体评价体系，而不是一条直线上的简单量化（如图 1-5 所示）。日常我们能看到的更多是知识与技能方面可以量化的具体指标，而对于过程与方法，情感、态度与价值观方面的变化发展不能进行简单的量化评价，或不能通过具体的量规指标来体现，因为它们是一个从量变到质变的过程。这就需要教师主要运用观察、调查、访谈、评语等来进行评价研究，密切关注学生在这两方面的动态积累过程。同时，学生在方法、意识方面的变化发展也不可能在一节课中全部体现，它们分散在长期的课堂教学中，因而更需要教师通过教学环节的设计，为学生提供可靠有效的学法指导和及时鼓励，对学生进行连续的方法培养、意识渗透，以多种形式时刻关注学生在方法、意识方面从量变到质变的过程，使学生在期末甚或更长的时间里实现方法和意识方面的质的飞跃，从而促进学生的真正发展，为实现学生从"学会"到"会学"奠定基础。

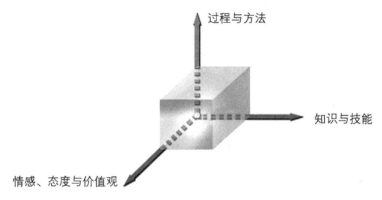

图 1-5　三维立体评价体系示意图

教学设计者必须以帮助每个学习者有效学习为己任，通过系统地设计教学，使每个学习者都能有机会利用自己的潜能获得令人满意的发展（包括知、情、意、行多个方面）。这就要求教学设计必须遵循"以学定教"的原则，充分认识理解"学"的微观内涵，从学生达成教学目标、学习准备、学生特点、学以致用四个方面的需要出发，遵循前期分析、目标选择、教学设计、过程控制和结果评价的程序维度，在教学过程中充分尊重学生间的个体差异，努力开发每个学生身上不同的潜能，采用多种策略促进他们的发展，满足学生的需要，以达到"以学定教"的宏观目标。

·· 第二节 "以学定教"的教学设计案例分析 ··

"以学定教"体现在教学过程中的各个环节，教学应始终以学生的"学"为中心，给予学生足够的时间与空间，让每个学生于发现问题、分析问题、解决问题的过程中，主动探索、大胆质疑，在探索中获得成长，同时为教学过程的动态生成创造条件，从而使课堂真正成为适应不同学生发展、促进学生实现从"学会知识"到"学会学习"的乐园。案例 1-1 即为"以学定教"的教学设计。

案例 1-1 "直线和曲线"教学设计 —— 从学生需要出发，关注学习过程

1. 指导思想与理论依据

（1）指导思想

小学阶段的教学目标之一是了解信息技术在日常生活中的应用，初步学会计算机基本技能，养成良好的计算机使用习惯，培养学生学习、使用计算机的兴趣和意识。从解决实际问题出发，让学生的信息素养在实践中形成与提升。

（2）理论依据

①皮亚杰认知发展理论

瑞士著名儿童心理学家皮亚杰（Jean Piaget）认为，儿童认知发展可以分为四个阶段：a.感知运动阶段（出生—2岁）；b.前运算阶段（2—7岁）；c.具体运算阶段（7、8—11、12岁）；d.形式运算阶段（12岁以后）。小学阶段处于具体运算阶段，这一阶段的运算尚脱离不了具体事物或形象的支持，还是零散的、孤立的，不能组成完整的系统。

②罗恩菲尔德的儿童美术发展阶段

美国美术教育家罗恩菲尔德（Lowenfeld）认为儿童美术发展经历以下阶段：a.涂鸦期（2—4岁）；b.前图式期（4—7岁）；c.图式期（7—9岁）；d.写实萌芽阶段（9—11岁）；e.拟写实阶段（11、12—14、15岁）；f.青少年艺术阶段（15—17岁）。三年级的学生正处于图式期。儿童在这一阶段的绘画表现为用几何线条来表现视觉对象，图画的内容受个人经验和兴趣的影响，所画图有以下特点：突出自己认为重要的部位；符号和图式的运用经常发生变动；表现出空间感。

2. 教学背景

（1）教学内容

本课来自海淀区实验教材《小学信息技术》三年级下册"画图与文件管理"。教材体系如下：三年级 —— 基础知识和画图；四年级 ——Word 和 PowerPoint 及网络基础；五年级 —— 画图、Word、PowerPoint 提高；六年级 —— 网上交流和综合任务制作。

三年级上册安排键盘和鼠标使用；三年级下册安排画图软件的学习 —— 在前两课安排打开、关闭画图软件，新建、保存画图作品文件，新建文件夹，调整画纸大小；颜色填充、刷子、铅笔、橡皮工具。本课内容（直线和曲线）是前面知识技能的延续、补充，亦是进行画图作品创作、丰富作品内容的必要知识基础。

（2）学生情况

本课的教学对象是北京大学附属小学三年级学生。通过三年级上册教材的学习，学生能够比较熟练地进行英文的键盘输入，能够熟练地使用鼠标；同时通过增加的三年级下册的前两课的学习，能够熟练打开、关闭画图软件，使用鼠标调整画纸大小，使用颜色填充、刷子、铅笔、橡皮工具。

依据罗恩菲尔德对儿童美术发展阶段的分析，本课教学对象正好处于美术阶段中的图式期（7—9岁），因此学生们在美术课上愿用、会用几何线条来表现看到的事物，在本课学习前对直线和曲线并不陌生，并且可以很快观察到生活中的直线和曲线。但他们是初次接触在计算机中运用绘图工具绘制曲线。

依据皮亚杰认知发展理论可知，小学阶段处于具体运算阶段，本课教学对象同样属于这一阶段，他们的认知特征是在学习过程中，逻辑思维的形成需要具体事物或形象的支持。正因为三年级学生的认知仍然要以具体表象为支柱，就需要教师及时引导，给予具体表象（比如实物蔬菜图片、线条描边图片、电脑线条绘制形象）支持，教给他们一定的认知方法（电脑绘图的一般方法），以便逐步提高他们认识世界的自觉性和目的性，促进他们形象思维与逻辑思维的结合转化。

经调查得知：学生愿意动手操作计算机，好奇心强，具有探索的欲望，愿意尝试，但是还没有完全养成良好的计算机操作习惯。大多数学生都是触觉学习者（动手实践操作获取体验知识），但是在视觉学习和听觉学习之间是各有侧重的。

（3）前期教学状况、问题及对策

①学生是初次接触在计算机中绘制曲线。利用学生操作出现的问题，引出知识的探索学习，引导学生尝试、体验自主学习。

②学习方法与学习习惯。给学生提供学习参考材料；在学生探寻方向、

摸索方法的道路上，必要时充分发挥教师的引导作用，给予指导示范。

③学生不能正确地评价他人作品。利用学生容易指出他人作品中的不足的特点，引导学生观察他人作品：有问题吗？如何改正？如果是自己该怎么做？促进学生们于互评中磨合、碰撞、反省，从而掌握方法。

④学生在视觉学习和听觉学习之间是各有侧重的。教学过程中教师除用语言归纳总结，还应辅以板书文字总结的形式以适应视觉学习者。

（4）教学方法及手段

教法：演示法、讲授法、观察法、讨论法、示例法。

学法：自主探究、交流讨论、观察示范、实践操作。

（5）技术准备

辅助学习材料，演示课件，投影和多媒体广播教学网。

（6）教学目标

①通过绘制生活中的蔬菜，学会使用直线和曲线工具，尝试、体验自主探究学习；

②在从观察具体形象到抽象概括线条的过程中，体会画图软件的便利，初步掌握绘制画图作品的一般方法；

③通过画图作品的创作，感知体会生活的美，提升审美意识。

（7）教学重点、难点

重点：直线工具和曲线工具的使用。

难点：绘制曲线时弯度的调整确定对于初次使用计算机绘图的学生是不容易掌握的，而且灵活地运用曲线工具满足绘制作品的需要是在"知道""学会"的基础上更进一步，因而成为教学难点。

3. 教学过程

①生活观察，引入目标；

②尝试探究，发现问题；

③示例讲解，突破难点；

④巩固提高，交流讨论；

⑤归纳总结，开阔思路。

具体教学过程见表1-1。

表1-1 "直线和曲线"教学过程

教学阶段	教师活动	学生活动	设置意图	技术应用	时间安排
生活观察，引入目标	师（出示学生采摘蔬菜的照片）：这是我们的同学去采摘蔬菜时拍到的照片，收获时是多么高兴啊！	学生观看。	贴近学生生活，激发学生兴趣。	多媒体广播、投影	2分钟
	师（出示蔬菜集合照片——扁豆、辣椒、胡萝卜的照片）：采摘的蔬菜有很多，我们先来观察其中的几种蔬菜。	学生观察几种蔬菜：从实物图片，到线条描画，再到抽象画图。	依据学生的认知发展阶段特征（学生认知要以具体表象为支撑），通过实物图片、线条描边图片、电脑线条绘制示例，为学生认知发展提供可靠支持。		
	师（停留在抽象概括图）：仔细观察，这几种蔬菜由什么组成？	学生回答：线条。	同时引导学生体验电脑绘制作品的一般方法：直观实物—提取形象—抽象概括。		
	师：什么样的线条？引出直线、曲线。	学生回答：直线、曲线。	利用学生美术认知发展特点，引出学习内容。		
	板书：直线和曲线				

（续表）

教学阶段	教师活动	学生活动	设置意图	技术应用	时间安排
尝试探究，发现问题	师：画图软件中有现成的直线和曲线工具来供我们使用。 出示任务一： 在你刚才观察到的几种蔬菜中选择一种，尝试使用直线和曲线工具把它画出来。 提示：在操作过程中，出现问题你可以参考学习材料，可以与同学、老师交流。 师：你在尝试过程中，出现了什么问题？ 教师归纳学生问题，适当板书问题。 **板书：弯度**	学生听讲。 学生兴趣被激发，希望动手操作尝试。 学生尝试使用直线和曲线工具。 学生在尝试中出现问题：用曲线工具为什么画出的是直线？ 曲线弯度为什么确定不下来？ 学生提出在尝试中遇到的问题。	利用学生已有的学习知识经验，引导学生尝试，体验自主学习。 引导学生自己发现问题，便于进行有意义的主动学习。	多媒体广播、投影 黑板	5分钟

（续表）

教学阶段	教师活动	学生活动	设置意图	技术应用	时间安排
示例讲解，突破难点	教师请学生上前演示操作，由学生小老师演示扁豆画法，以此来解决学生的问题： 1. 曲线一次调整弯度； 2. 曲线两次调整弯度； 3. 辅助工具栏选择线型粗细。 教师予以适当总结并板书要点。 **板书** 〜拖—调—单击 〜拖—调1—调2 **线型** 教师提问：这么难的曲线画出来了，直线怎么画？ **板书：单击—拖** 教师请学生再次进行作品创作。 教师巡视指导。 教师请学生展示作品。	部分学生可以通过帮助文件、交流讨论等方法获得解决问题的方法。 学生小老师针对学生提出的问题，上前进行演示操作并讲解。 （学生在应用直线工具时并没有问题） 学生回答，并演示操作。 学生利用所学知识进行作品创作。 学生展示自己的作品，学生间进行简单评价。 （学生运用直线、曲线绘制，部分学生作品已经涂色。） 学生回答画法操作。 学生表达愿意学习。	发挥学生同伴间的互助作用，激发学生学习动机。 利用学生演示操作，辅以教师演示总结，"示例支架"为学生认知过程中的探寻摸索提供指导支持，促进学生从形象思维到逻辑思维的转化，促使学生在解决问题过程中学会知识，突破难点，在实践中提升水平。	多媒体广播、投影 黑板	17分钟

（续表）

教学阶段	教师活动	学生活动	设置意图	技术应用	时间安排
示例讲解，突破难点	教师引导学生观察发现他人作品中的优点。 教师予以适当点评。 教师询问学生胡萝卜的画法。 师：老师发现同学们使用两条曲线拼接画出胡萝卜，有没有更巧妙的办法？ 教师以绘制胡萝卜为例演示闭合曲线使用。 **板书** **单击 — 单击 — 拖** 教师利用学生已经使用线条颜色的作品，引导学生指出在颜料盒中选择线条颜色。 **板书：颜料**	学生听讲、观察。 学生回答，指出在颜料盒中选择线条颜色。	引导学生学会评价。 从学生认知特点出发，以"示例支架"直观形象材料引领学生发现问题，于解决问题中提升水平。	多媒体广播、投影 黑板	
巩固提高，交流讨论	教师出示颜色填充示例。 师：有位同学在画完之后，为这些蔬菜填充了颜色。我们来看看。 师：请你认真观察，图片中颜色填充有什么特点？	学生观察之后，回答：作者填色时运用颜色体现蔬菜的阴影（明暗）部分。	尊重学生认知心理发展特点，给予学生具体形象支持，促进学生思维转化。 依据学生美术认知发展特点，引发学生色彩写实的萌芽，体验电脑绘图工具的便利。	多媒体广播、投影	

（续表）

教学阶段	教师活动	学生活动	设置意图	技术应用	时间安排
巩固提高，交流讨论	师：你能为你的蔬菜填充上合适的颜色吗？ 出示任务二：请利用你学到的知识为所画蔬菜填充合适的颜色。 提示：可以与同学、老师交流你的想法、做法。 教师巡视指导。	学生愿意尝试填充颜色。 学生利用所学知识，结合自己的能力水平，动手操作填充颜色。	面向全体学生，达成总体目标；关注个体差异，在解决问题的实践中提升素养。	多媒体广播、投影	13分钟
	教师首先展示存在不恰当填色的学生作品，进行互评、点评，引导学生思考：有不足吗？如何解决不足？如果是我的作品，我该怎么做？	学生观察发言，指出不足：阴影（明暗）颜色不对，填充不同部分颜色时的分隔线颜色不恰当，等等。	利用学生同伴间的思维碰撞，引导学生发现问题、解决问题，反省思考。		
	教师再次展示优秀学生作品，并请学生发言，谈谈自己在填充颜色，特别是填充阴影颜色时的想法。	学生展示作品。 学生发言交流自己在填充不同部分颜色的想法、做法。	检验依靠大量直观形象的基础，学生形象思维与逻辑思维的结合、转化程度。		
	教师总结学生发言，归纳：填充颜色时，可以适当填充部分阴影颜色，使作品具有立体感，更真实。填充阴影时需注意（同时展示电子板书）： （1）阴影部分需要用	学生听讲、思考。	引导学生总结方法，同时满足视觉型和听觉型学习者的需要，于实践中提升审美意识。		

（续表）

教学阶段	教师活动	学生活动	设置意图	技术应用	时间安排
巩固提高，交流讨论	直线或曲线划分出来，便于填充颜色；（2）分隔线的线形应该与对象靠近部分线形相近；（3）分隔线的起点、终点和弯度位置应合适，以符合所需阴影大小；（4）分隔线的颜色选择应和阴影或非阴影部分的颜色一致，保证画面美感。 教师再请学生改进自己的作品。 作品评价标准： 1.直线和曲线工具使用熟练恰当； 2.色彩运用合理； 3.作品具有个性特色。			多媒体广播、投影	
归纳总结，开阔思路	师：这节课你有什么收获？ 教师总结。 师：这节课我们学会了使用直线和曲线工具，而且合理恰当地运用工具画出了生动的蔬菜，当然这些工具还可以创作出更多的作品，今后你们可以大胆创作。 教师展示更多作品样例。 下课！	学生发言：知道了直线和曲线；利用直线和曲线可以绘制想要的图形；学会填充不同部分的颜色以增加美感…… 学生欣赏、观察。	回顾总结知识，提升学生意识水平。 给予学生更多的示例形象，打开更广阔的思维空间，为后续学习创作铺路。	多媒体广播、投影	3分钟

4. 评价方式

由于学生刚刚进入信息技术课程学习，因此本课主要以课堂中学生的发言交流来进行学生的自评、互评。在评价过程中，教师注意引导学生善于发现他人优点——"他（她）哪里做得好"，同时注意利用学生互评交流想法，促进学生问题的发现——"不足在哪里"；问题的解决——"可以利用什么知识解决"；从而在评价中促进学生的自我反省——"我可以怎么做""怎样做会更好"。这样使学生在体验正确评价他人的同时，亦能激发进一步学习的兴趣。同时教师课堂中的及时评价有助于鼓励学生，使他们获得认同感，满足其自尊的需要，有助于使整个课堂实现良性互动，实现全体学生的共同成长发展。

课后作业评价是教师检验教学效果的参考，教师应据此及时调整教学。教师利用作业评价记录表（以"直线与曲线"一课的评价表为例，见表1-2），记录基本目标和提高目标的达成情况，反馈给学生，帮助学生进行有针对性的阶段性总结。

表1-2 "直线与曲线"的作业评价记录表

座位	直线工具	曲线工具	色彩运用	个性特色
1				
2				
3				
4				
5				
6				
7				
……				

5. 教学特点

充分尊重学生的认知心理起点，贴近学生生活，激发学生兴趣，为学生创设主动建构知识所需的学习环境和条件，引导学生尝试、体验自主探究学习。教学过程中运用直观形象的学习材料，能够促进学生的形象思维与抽象思维的结合转化；通过"问题支架"和"示例支架"为学生搭建阶梯，对于刚刚步入信息技术课堂的学生，在他们探寻摸索的道路上，给予帮助和引领，使他们顺利进行知识的意义建构。

依据儿童美术发展阶段的特点，从思考"电脑画图教什么"出发，本课教学不是单一围绕画图工具的技术熟练应用开展，而是与传统美术相比，让学生在学会并熟练使用工具的基础上，依托色彩变化，增加灵活地运用所学工具的学习任务，从而更加真实地体现生活，引领学生感知电脑绘画的优势和表现力。

6. 教学反思

（1）从学生需要出发

"课堂教学的核心是学生的学习，教是为了学，为了学生更好更有效地学习。"充分尊重学生的认知起点，根据"学"的需要，设计"教"的过程，从学生的需求出发，从学生"学"的实情出发，"教"为"学"服务，使"教"有助于开发学生的创造潜能，有助于实现教学目标，提高课堂实效。

从本课实施情况来看："我要画"——情境设置贴近学生生活，激发学生兴趣，让学生愿意尝试；"我怎么画"——在尝试中发现问题、提出问题，从学生解决问题的需要出发，引导学生尝试、体验自主探究学习。同时因为学生刚刚步入信息技术课堂学习，学习习惯、操作习惯没有完全养成，信息技术学科的学习方法也不成形，所以教师在学生整个探寻、摸索的学习过程中，做到"收起"——知识难点给予示范讲解、"放下"——知识重点探究和颜色填充感悟，使得全体学生顺利达成基本目标（使用直线和曲线工具），部分学生达成提高目标（灵活使用工具自主创作）。并且使学生在创作作品的过程中，从观察具体形象到抽象概括线条，初步掌握绘制画图作品的一般方法，促进学生形象思维和逻辑思维的顺利结合、转化。

（2）多元课堂打造

本课从思考"电脑画图教什么"出发，在让学生学会并熟练使用工具的基础上，增加灵活地运用所学工具创作作品的教学目标，从而让学生更加真实地体现生活，引领学生感知电脑绘画的优势和表现力。这样设计教学的初衷是让学生于信息技术课堂中不仅体验技术带来的变化，还能受到信息技术课堂所需要具有的人文素养浸染。从课堂实践来看，这个目标达成了一部分，比如感知体会作品美。但是由于时间有限等种种原因，本课远未达成"浸染"的目标，这有必要在以后的研究中加以修正，给予学生更多感悟、体验、触摸的机会和空间。

第二章
教学目标篇
——基于目标指向的调整

信息技术学科核心素养包含信息意识、计算思维、数字化学习与创新、信息社会责任四个部分。在信息技术国家基础课程中，我们希望学生通过基础课程的学习，能够达成主动的知识建构，进行多样的选择，实现个体准确充分的表达，承担服务社会的责任。基于此，课程的目标从重点关注知识技术的习得转向对应用技术进行正确表达，在过程方法的学习中提升学生的信息社会责任意识。

在学生知识建构的过程中，教师传授给他们的知识不是固化的、不可改变的，也不是将教师的想法、理解、意志强加给学生；教师应该作为引领者，让学生在教师的帮助下主动地去激活、扩充、调整、组合、建构——学生的发展生长，始终是我们的理想所在。我们希望在课堂中学生能够根据解决问题的需要，自觉、主动地寻求恰当的方式获取、处理、表达、分享、创新。同时作为现代人、未来人，学生也必须承担相应的责任，运用技术为他人服务、为社会服务。

··第一节　由关注知识技术到关注应用表达··

信息意识是学生需要具备的信息技术学科核心素养之一，具备信息意识的学生能够根据解决问题的需要，自觉、主动地寻求恰当的方式获取与处理信息；能够敏锐感觉到信息的变化。分析数据中所承载的信息，采用有效策略对信息来源的可靠性、内容的准确性、指向的目的性作出合理判断。案例2-1"贺卡设计制作"的目标即关注应用表达。

案例 2-1 "贺卡设计制作"——目标关注应用表达

本案例来自海淀区实验教材《小学信息技术》四年级上册第四单元第 15 课 "中文输入与 Word 基础"。在三年级下册的画图软件学习部分，在学习画图工具命令的同时，安排了画图作品简单布局规划，进行作品制作的渗透；四年级上册中安排 Word 软件基础知识的学习，同时在第三单元末尾和第四单元安排综合任务的制作（制作周记本封面、班牌、贺卡等），借助前期制作画图作品的渗透，再次在 Word 软件中制作相关主题作品。

1. 学情分析

本课的教学对象是四年级学生。从心理认知特点看，该阶段的学生需要借助熟悉的具体表象进行抽象思维，从学生日常熟悉的事物入手，有利于学生的认知理解深化。在知识结构上，学生们熟悉常见的事物（如贺卡），但对其组成元素并没有明确的认知；同时因有前面知识的渗透，学生们总结归纳出作品制作的一般过程，但对任务主题背后承载的相关历史文化并不重视甚或不知晓，造成了学生在制作作品时虽然确定了主题，但在之后规划、收集（选择）进而制作的过程中仍存在主题模糊、收集选择资料不够准确等问题。学生不清楚评价标准如何制定，有时不能正确地评价他人作品。

2. 前期状况及对策

（1）综合运用知识制作作品的能力有待提高。借助熟悉的传统节日，通过制作贺卡表达祝福之意，可以激发学生兴趣，引领学生激活知识经验，并且通过梳理制作过程、渗透理念方法、选择素材资源、制作贺卡作品，落实知识储备。

（2）对贺卡的组成元素并没有特别清晰的认知。通过观察分析、交流讨论，利用从生活引入大量实例图片的直观性，同时借助学生自己制作的作品予以观察、分析，增加学生形象贮备，引导并促进学生抽象思维与形象思维相结合。

（3）对作品制作的一般过程是能够总结归纳出来的，但对任务主题背后承载的相关历史文化并不重视甚或不知晓。教师要引导学生重视了解主题背后相关的历史文化，具备相应文化知识的积累。

（4）不能正确地进行评价。借助示例观察，引导学生选择分析；借助学生作品的几次修改与展示，引导学生结合自身真切体验，总结归纳"什么是好的作品"，即时将总结出的理由转化为评价内容（标准），学生借此明确评价标准，能够进行正确的评价。

3. 教学目标

（1）通过观察生活中的贺卡，了解贺卡的作用和组成要素，以及其背后承载的传统文化知识。

（2）在设计制作贺卡的过程中，能够综合运用所学知识实现设计意图；完善作品设计制作的方法；明晰并体验作品设计制作的过程。

（3）通过欣赏并设计制作贺卡作品，提升设计理念，增强审美意识和创新意识。

案例 2-1 的教学内容是在 Word 软件中综合运用所学知识进行相关主题作品（贺卡）的制作，渗透作品设计理念和了解作品制作的一般方法，作为教学重点，目的有四：一是承前知来实现此部分知识的螺旋上升；二是检验已学知识的综合运用；三是学习方法的渗透，信息意识的渐进培养；四是继续为后续综合任务的制作积累知识（包括操作技术明晰熟练、布局规划合理、收集选择资料、制作方法过程等相关知识）。案例2-1的教学对象为四年级学生，无论从心理年龄特点方面，还是从知识技能操作熟练程度方面，都需要多加巩固提高，以达到能够熟练地综合运用所学知识进行作品设计制作的目标。因而需要教师在方法的总结、过程的补充和理念的渗透等方面引导帮助学生归纳、明晰、提升，同时借助学生身边熟悉的贺卡激发学生兴趣，通过设计制作贺卡引领学生激活知识经验，并增加操作运用的时长以熟练所学，突破教学难点。同时引导学生重视作品主题背后承载的相关历史文化，具备相应的文化知识。教师在教学中补充完善设计制作的过程，渗透作品设计理念，有助于学生紧密围绕主题收集资料，从而为制作出多样性的作品提供更多可能性，为更准确地应用表达提供有力可靠支撑。

··第二节 由关注过程方法到关注责任意识··

信息技术学科核心素养包括信息意识、计算思维、数字化学习与创新、信息社会责任。具体可以包含信息收集获取、加工处理、分享交流；学会相关的过程方法，建立思维模式；能够利用数字化工具资源进行应用创新，服务自主学习和协作学习；同时具有良好的社会适应性，运用技术服务于人、服务于社会；要求学生具备对于信息技术创新所产生的新观念和新事物，具有积极学习的态度、理性判断和负责行动的能力。案例2-2的目标即关注责任意识。

案例 2-2 "智慧校园我做主——循环结构"——目标关注责任意识

本案例来自五年级 Scratch 学习单元，学习目的之一即是让学生们能够在复杂真实的情境中进行观察，提取问题，建立模型，进而编写代码实现问题解决；同时借助对生活的发现，关注身边热点，并能够进行初步的比较分析，做出合理的思考与判断。本课是第三单元"智能校园我做主"活动的第三课时，是本单元学习活动中的重要活动探究环节之一，具体结构如图 2-1 所示。

重复执行、重复执行（）次、重复执行直到模块和 WeDo2.0 扩展运动传感器距离模块；程序设计的一般方法 ⟷ 由校园车库门禁工作过程视频引发探究兴趣，观察分析简述其工作过程和用示意图表示过程，探究学习编写代码，利用模型进行验证修改；归纳总结程序设计的一般方法；展示评价项目文档记录；再次观察校园车库和部分位置的门禁，思考分析：信号识别和智能识别各自的优势和不足？提出的校园智能化建议是否有调整修改？利用项目文档记录学习活动中的程序、发现、思考、问题。

图 2-1　智慧校园我做主——循环结构

1. 学情分析

本课的教学对象是五年级学生，在四年级对 WeDo2.0 机器人校本课程的学习中，学生对顺序结构、循环结构有基础的认识。但是未强调流程图，对程序设计的一般方法没有更清晰的认识。五年级的学生能够基于项目展开探究合作学习，能够利用项目文档进行记录。学生提出校园智能化建议时，一味图新，不考虑成本、实用、环境、人员等因素，对人工智能不了解，存在认识误区。

2. 前期状况与对策

（1）学生对循环结构有基础的认识。学生们在四年级 WeDo2.0 机器人校本课程的学习中，能够熟练使用 WeDo2.0 图形化语言进行编程，以实现对机器人模型结构的程序控制，对顺序结构、循环结构有基础的认识，无限循环、限次循环和条件循环等循环结构在项目程序中均有使用。基于真实问题需求，尊重学生认知起点，可以借助 WeDo2.0 的项目迁移来理解并进行学习，如图2-2 所示。

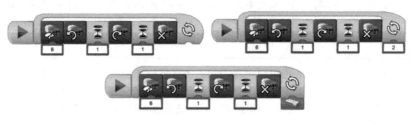

图 2-2　WeDo 2.0 编程

（2）学生对程序设计的一般方法没有更清晰的认识，参考相关问卷调查（如图 2-3 所示）。因为 WeDo2.0 是图形化语言，所见即所得，因而程序设计并未强调流程图，所以学生对程序设计的一般方法没有更清晰的认识。因此本课在多个问题解决中借助示意图进行探究，帮助学生顺利总结归纳出程序设计的一般方法，即"提取问题—建立模型—编写代码—测试调整"。

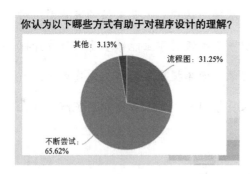
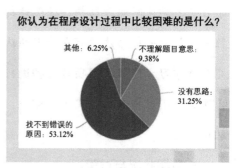

图 2-3　问卷调查

（3）学生能够基于项目开展探究学习。学生们在四年级机器人课程学习中是基于项目开展一系列的学习活动，在现在五年级信息技术基础课程中也在实施项目活动。所以学生对项目学习的过程并不陌生，能够基于项目开展探究合作学习；并且在四年级机器人校本课程的项目学习中能够利用项目文档进行记录，在 Scratch 的学习中可以借鉴过往经验进行过程记录。

（4）学生提出的校园智能化建议存在不足。学生们提出的建议一味图新，不考虑成本、实用、环境、人员等因素；提出的建议中全部是机器人工作，认为机器人完全等同于智能化，对人工智能不了解，存在认识误区……因此本课中补充校园内现有几种门禁方式（密码、刷卡、指纹、图像），以增加学生对校园智能化的感知，并进行简单比较，初步了解人工智能相关热点知识，为反思修改建议提供依据，提升他们的信息责任意识。

（5）学生具备一定的数字化学习能力。在自主探究和合作学习中，学生们能够上网查找保存资料、收集获取信息，并运用技术制作主题作品来分享表达。因此选择 Kittenblock（基于 Scratch 开发）作为主要平台，引导学生借助平台提供的多样案例、多种资源进行更感兴趣方向的深入学习，提升信息意识和数字化学习能力。

3. 教学目标

（1）通过编写车库门禁的程序代码，学会使用重复执行、重复执行（）次、重复执行直到模块和 WeDo2.0 扩展运动传感器距离模块；认识程序循环结构中的无限、限次、条件循环。

（2）在解决车库门禁问题的过程中，学会程序设计的一般过程方法，提升计算思维水平。

（3）在项目学习探究活动中，通过项目文档记录过程，提升信息意识水平；感受车牌图像识别，了解人工智能相关知识，提升信息责任意识。

案例 2-2 引导学生们学会 Scratch 的代码模块等基础知识，学会编程的一般过程方法，提升主动运用知识技术解决问题的意识水平；进而引导学生将个人想法更多地转向关注身边生活热点，增强为团队、学校、社区等服务的责任意识，进一步提升家国责任意识。

第三章

教学内容篇
——基于课程内容的丰富

一直以来，我们希望我们的信息技术是一门"大"课程，建立信息技术课程群。在课程群中，融合多门学科知识，提升学生发现问题、解决问题的意识能力和创新思维水平，关注提升学生素养。我们希望能够让更多孩子获得自信，找到不同的发展方向。

我们的信息技术课程群架构最初包括信息技术国家基础课程、机器人单片机社团，现已发展成包括信息技术国家基础课程、机器人、单片机、创客等选修、必修课程，以及由海淀区少年科学院、北京市学生金鹏科技团等组成的科技素养课程系列生长面，并且逐步参与建设独具北大附小特色的 STEAM（Science, Technology, Engineering, Arts, Mathematics）课程体系，进一步完善充实北大附小特色生命发展课程体系；与此同时打造学校内、（海淀）区域间、（北京）区域外的学生、教师动态研究群体，让我们的课程始终具有活力。

在我们的信息技术课程群中，学生们以学习共同体的形式进行学习、探究、发现、解决、应用、分享，主动建构知识，学会多样选择和表达，建立共享服务意识。同时信息技术大课程在提升学科核心素养的基础上，进一步拓宽学生们在科学、技术、工程、数学等领域的探究视野与"步幅"，为他们适应未来的学习和挑战奠定良好的基础。

··第一节 基于国家基础课程··

首先我们希望我们的学生通过信息技术国家基础课程的学习，能够主动建构知识，进行多样的选择，准确充分地表达自我，承担服务社会的责任。图 3-1 为《小学信息技术》教材。

图 3-1　《小学信息技术》教材

在学生们建构知识的过程中，教师既不是授予学生固化、不可改变的知识，也不是将想法、理解、意志强加给学生；教师应该作为引领者，让学生在其帮助下主动地去激活、扩充、调整、组合、建构知识。在信息技术课程实践中，教师利用紧密的问题链、丰富的学习资源、思维导图等，引领、帮助学生主动进行意义建构。

信息社会责任是指信息社会中的个体在文化修养、道德规范和行为自律等方面应尽的责任。对于信息技术创新所产生的新观念和新事物，个体应具有积极学习的态度、理性的判断和负责行动的能力。技术学习应用要始终考虑受众群体所需，从用户的角度出发解决问题、完善作品，体现"技术要为人服务，技术要为他人负责"的社会责任意识。我们希望学生也必须承担相应的责任，运用技术为他人、为社会服务。

在信息技术基础课程中实施项目学习，我们更强调跨学科的综合融合，强调学习者之间的团队合作，更主张让学生在真实情境中主动探索，以此培养他们发现并解决问题的能力、推广分享成果的能力、交流与合作的能力，以及项目管理的能力，多方面促进其核心素养的提升，适应未来的发展。案例 3-1 "插入声音"教学设计，即展示了学生的多维思考和情感表达。

案例 3-1 "插入声音"教学设计 —— 多维思考，情感表达

1. 单元内容分析

本案例来自海淀区实验教材《小学信息技术》五年级下册的"多媒体应用与 PowerPoint 的提高"。本册共计四个单元：第一单元是运用演示文稿制作叙事型寓言故事；第二单元主题内容是介绍自己，涉及音视频的处理；第三单元是动手做游戏；第四单元是制作旅行计划书。在实际教学过程中，把第一单元中的插入声音融合到第二单元讲解，并将第二单元换成"我的作品小展览"。通过收集和整理与自己作品有关的资料，根据内容的特点和表达的需要，使用多媒体软件制作集文字、图片、声音等于一体的作品，灵活地表达想法和情感，让学生在动手操作过程中感受多媒体作品的美，具有烘托作者想要表达的情感的功能，培养学生信息技术学科核心素养和与现代生活相适应的信息意识。

（1）学情分析

三年级学生已经掌握键盘、画图工具的使用，学会了保存作品的方法。四年级学生已经掌握了 Word 文字处理、演示文稿的基本使用方法。五年级学生在上册学会了 Word 文字处理软件的提高，能够利用 Word 制作简易的电子

小报。学生习惯单独使用一款软件进行作品制作，综合多种软件来完成作品的意识比较薄弱。

本册教材的主要内容是"多媒体应用与 PowerPoint 的提高"，对于演示文稿，学生在生活中早已有接触，四年级已经学习了基本的使用方法，制作一个演示型的 PPT 已经不成问题，而这个阶段的学生处于从具体形象思维向抽象逻辑思维过渡的阶段。五年级的学生在情感方面也逐渐丰富，面对事物的时候，开始有意识地要表达自己独特的见解和情感，因此在实际教学过程中要有音视频元素的介入，让学生可以通过文字、图片、音频、视频等多种元素的结合来表达自己独特的见解，并且这一单元会介入多个小软件的使用。在学习过程中，该阶段学生可能遇到的问题有：如何从网上下载音频、视频；如何设置声音播放的时机……

（2）单元目标

①知识与技能

学会录制声音，学会在幻灯片中插入音频、视频的方法；能对图片进行简单的编辑处理；能收集和整理与自己作品有关的资料，并按一定的顺序进行分类整理，制作自己的作品小展览。

②过程与方法

通过制作"我的作品小展览"的演示文稿，学会收集、整理资料，掌握制作集成文字、图片、音视频演示文稿作品的一般方法。

③情感、态度与价值观

通过整理、制作自己的作品小展览，提升学生综合运用各种软件的意识，让学生感受自我成长的快乐。

（3）单元重点、难点

①重点

能收集并按一定顺序整理与自己作品有关的资料；能够集成文字、图片、音频、视频等多种元素的演示文稿作品。

②难点

能按顺序整理与自己作品有关的资料；能够集成文字、图片、音频、视频等多种元素的演示文稿作品。

（4）单元整体教学思路

"我的作品小展览"整体教学思路，如图3-2所示。

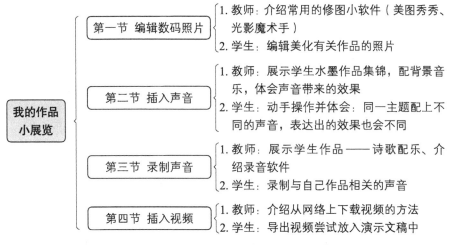

图3-2　"我的作品小展览"整体教学思路

2. 指导思想与理论依据

（1）信息意识

能够根据解决问题的需要，自觉、主动地寻求恰当的方式获取与处理信息。

（2）数字化学习

通过选用常见的数字化资源与工具，有效地管理学习过程与学习资源，创造性地解决问题，从而完成学习任务，形成创新作品的能力。

（3）杜威的儿童中心论

儿童是教育的起点，是教育的中心，而且是教育的目的。儿童的发展、儿童的生长，就是教育的理想所在。树立学生自信心，关注学生情感体验，促进学生长远发展。

3. 本课教学背景

（1）教学内容

"插入声音"是本单元的第二节课，在全套教材中，四年级下学期和五年级下学期都有涉及幻灯片的知识，分别是四年级下学期的"幻灯片基础"和本册的"幻灯片提高"。四年级"幻灯片基础"中有插入图片、艺术字等内容，四年级学生已经能够制作简单的幻灯片演示文稿，而五年级下册在此基础上介入了音视频元素，让幻灯片做到"能歌善舞"，让作品更有立体感。"插入声音"这节课对学生来说是从"平面作品"到"立体作品"的一个转折点，充分为后一课时"录制声音"内容做好铺垫，起到承上启下的作用。

（2）学生情况

本课的教学对象是五年级学生，已经熟练掌握在幻灯片中插入图片、文字以及自定义动画路径的设置，基础知识对他们来说没有新鲜感和挑战性。但在幻灯片中插入声音会让他们感到新鲜并且想要尝试，能够激发他们对幻灯片学习的愿望。而且这个阶段的学生，让他们面对一个主题幻灯片，完全可以挑选出适合这个主题的声音。将插入图片的方法迁移到插入声音的方法，学生都没有问题，但是对于声音出现和播放的时机问题，学生会无从下手，面对同样主题的幻灯片，学生总是希望选择一个更适合的声音，当出现不同声音的时候，学生不愿去表达，也不能够进行正确的评价。

（3）教学目标

在制作"我的作品小展览"的单元任务中，学会在幻灯片中插入声音的方法和设置声音播放的时机，理解声音对幻灯片所起的作用，感受声音与幻灯片素材的结合所表达出的情感，能够提升学生的情感体验。

（4）教学重点、难点

①重点

掌握在幻灯片中插入声音的方法。学会设置声音播放的时机。

②难点

学会设置声音播放的时机。

4.教学过程

①悬念引入，激发兴趣；

②尝试探索，学习新知；

③提高练习，巩固知识；

④交流展示，总结评价；

⑤丰富认知，引导提升。

具体教学过程见表3-1。

表 3-1　"插入声音"教学过程

教学阶段	教师活动	学生活动	教学目的
悬念引入，激发兴趣	出示墨片 师：老师这儿有一张幻灯片，大家一起看一看，你想到了什么？ 师：同样一张幻灯片，为什么有人觉得像墨滴，有人觉得像黑洞……想到的都不一样，你们觉得是因为什么？ 师：不管大家想到的是黑洞、墨滴……对这张幻灯片进行怎样的加工才能突出你想到的内容？（同时板书） 师：出示墨片（图片＋文字＋声音），现在主题比刚才明确了吗？	生：墨滴（中国风，比较典雅） 黑洞（神秘） 毛球（黑色比较压抑） 毛茸茸的小鸡（动物可爱） 细菌 …… 生1：每个人想的不一样。（也就是每个人想要表达的主题不一样？还有没有其他因素？） 生2：幻灯片的图片给得太简单。（幻灯片所包含的信息元素太少，不能完全表达幻灯片的主题。） 生1：插入图片、文字、声音、视频。 生2：添加图片、文字。	带着悬念进入课堂，激发学生学习兴趣。 图片、文字、动画、声音等这些客观元素会影响幻灯片主题。 引出主题——插入声音。

（续表）

教学阶段	教师活动	学生活动	教学目的
	师：除了你们所说的添加了图片和文字之外，还添加了什么元素？ 师：插入图片和文字都是以前学习过的内容，今天咱们一起来学习插入声音。 **板书：插入声音**	学生回答：MP3、MP4…… 学生尝试操作。	了解常见的声音格式。
尝试探索，学习新知	师：声音和图片一样，有很多的格式，你知道声音都有哪些格式吗？常见的有 WAV、MP3、WMA 等。 师：怎样把声音插入幻灯片中呢？出示尝试要求，大家试一试。 （1）桌面—学生文件—尝试。 （2）为幻灯片添加合适的声音。 教师让学生操作，演示插入声音的方法。（高山流水的声音不能插入幻灯片中） 总结：并不是所有格式的声音均能插入演示文稿中。 师：你是想让声音在一张幻灯片上播放吗？ 师：想让声音不仅仅是在一张幻灯片上播放，而是希望在每张幻灯片播放的时候都有声音。我们在插入声音的时候，不光是插入声音，还要考虑声音什么时候播，播多长时间。 师：在哪里可以进行这些设置？ **板书：自定义动画—效果选项**	学生演示插入声音的方法：学生选择"插入—声音"。 但 ogg 格式的声音无法插入幻灯片中。 学生演示插入声音的方法。 （没有对声音文件进行设置的学生）：声音不能持续播放。	面向全体学生演示插入声音的方法。 解决的问题： 1.插入声音的方法； 2.声音播放的设置。 体会幻灯片中插入声音之后还要考虑声音播放的时机。

（续表）

教学阶段	教师活动	学生活动	教学目的
提高练习，巩固知识	师：再来试试，把声音插入幻灯片中并进行声音播放的设置。 师：利用 plickers 工具快速统计出学生选择的结果。 挑选两位学生展示声音文件不一样的作品。 师：为什么选择这个背景音乐，你们觉得声音在这里有什么作用？ 师：这组幻灯片的主题明确了是关于水墨画的，为什么同学们选择不同的声音文件来烘托幻灯片的主题呢？ 师：面对同一事物时，每个人的看法会有所不同，虽然选择了不同的声音，但都表达的是自身对幻灯片的主题的理解和感受。	 学生举起 plickers 卡片。 生：烘托出幻灯片的主题。 生：想法不同、看法不同。	 运用数字化的手段辅助教师及时完成信息采集，便于教师及时进行数据统计。 从学生需求角度突出问题，继而解决问题。 让学生初次体会：除了图片、文字、动画、声音等这些元素会影响幻灯片的主题，我们的主观因素也会影响幻灯片主题。
	师：大家欣赏一个作品。（音效＋背景音乐＋旁白）这个作品包含了几个声音文件呢？ 师：幻灯片中可以添加多个声音，不仅可以添加背景音乐，还可以添加声音效果，朗诵的旁白等。只要我们设置好声音播放的时机就可以。	1. 下雨的声音效果； 2. 背景音乐； 3. 朗诵的声音。	体会一个幻灯片中可以同时插入多个声音文件。

（续表）

教学阶段	教师活动	学生活动	教学目的
交流展示，总结评价	师：如何把多个声音文件添加到幻灯片中同时播放呢？ （1）桌面—学生文件—练习； （2）为幻灯片添加背景音乐、诵读声音，使之与幻灯片配合协调。	学生练习。	巩固知识，熟练技能。
	再次利用 plickers 工具快速统计出学生选择的结果。 师：说一说，为什么选择这个背景音乐？你想表达什么？ 师：同样一组幻灯片，添加不同的元素，表达的主题是不一样的。同样的幻灯片，配上不同的声音，主题表达的侧重点不同，表达的意思也不完全相同。面对同一事物时，为什么大家会有不同的理解和感受？	学生参与活动。	以幻灯片主题为中心，不仅是知识层面，还有客观和主观意识层面。
	师：由于每个人的性格、经历、修养不同，面对同一事物时，欣赏事物的角度和理解也会不一样，正因为这些不同，生活才会这么五彩斑斓。		再次提升：声音是为幻灯片主题服务的，但我们的主观因素会影响对幻灯片的理解。

（续表）

教学阶段	教师活动	学生活动	教学目的
丰富认知，引导提升	师：这节课不仅学习了为幻灯片插入声音以及对声音出现时机的设置，而且还体会了这些元素（主观＋客观）都会影响我们对幻灯片主题的理解，老师希望你们面对事物的时候有自己独特的见解并能够积极快乐的生活。 师：最后大家欣赏一个作品（励志箴言）。	学生欣赏作品。	

板书

插入声音

插入设置 } 声音 → 主题 ← { 文字 图片 动画

理解、看法

5. 教学评价

（1）打破原始的设计思路

为什么要插入声音？怎样插入声音？怎样做好？按这三个层面去设计评价标准。为什么要插入声音——从学生的需求角度出发；怎样插入声音——要落实学会插入声音的方法；怎样做好——结合幻灯片的主题插入合适的声音。就最后层面来讲，什么样的声音是合适的，很难去界定。而且如果学生均选择同样的声音，学生的个性差异就不能充分体现出来。

（2）体现课堂的多元性，以幻灯片主题为中心

在知识层面，落实在学会插入声音的方法。同时学生在自主选择插入声音的过程中，体会到声音等客观因素和主观因素都会影响对幻灯片的理解和感受。教师应尊重每个学生的个性差异。

6. 教学特色

（1）让学生自主探究，不断发现、解决问题

学生经历从自主尝试到发现问题，再次尝试到解决问题，是顺应学生发展、从学生需求角度出发的，进一步促进学生乐于探究，培养学生发现问题、分析问题、解决问题的能力。

（2）技术支持，反馈及时

Plickers 工具实现了信息的及时采集与交流，便于教师在课堂上快速了解学生的学习动态。

（3）尊重和欣赏学生，展现多元人文课堂

以幻灯片主题为中心，让学生体会：客观因素和主观因素都会影响观看者对幻灯片的理解，尊重学生的选择，学会欣赏，展现多元人文课堂。

··第二节　基于校本特色课程··

蔡元培先生说过，我们的教育不是面向过去的教育，也不是面向现在的教育，而是面向未来的教育。所以在国家基础课程之上，我们为孩子们设计、开发了机器人、单片机、创客等一系列面向未来的必修、选修课程。

我们希望孩子们在这些课程中，一是了解相关的概念和原理，为将来打下坚实的知识基础；二是通过分析和解决真实问题，建立良好的计算思维；三是借助创造创新，学会合作共享。

我校自主开发的机器人必修课程是从 2005 年开始实施的，于 2008 年开始面向全体学生。课程的教学模式从最初的任务驱动模式到基于问题解决的

模式，再到现在基于项目学习开展的模式，我们的课程始终坚持一切为了学生。项目学习更强调跨学科的综合融合，强调学生团队合作，在真实情境中主动探索，培养学生发现并解决问题的能力、推广分享成果的能力、交流与合作的能力以及项目管理的能力，从多方面提升学生核心素养，适应他们未来的发展。以乐高、单片机的器材为基础，结合创新创意项目，进行多样地选择，开展跨年级、跨学科的项目学习，形成一定的项目成果，并进行展示交流分享。我们鼓励孩子们与家长、专家成立研究小组，打开更为广阔的视野。结合实践，我们陆续出版教材《机器人探索》《神奇的单片机》，2017 年又出版了基于项目学习理念指导下的新版改编教材《机器人探索》（如图 3-3 所示）。

图 3-3　机器人校本教材

在国家基础课程之上，基于机器人、单片机相关的校本课程，结合中低年级学生的特点，基于 STEAM 课程理念，结合已有课程的经验，学校于 2016 年在三年级开设了"小小创客"课程。我们鼓励学生自己组成团队，观察身边生活、发现问题，开展头脑风暴，主动学习应用多学科知识，分析设计解决方案，利用提供的材料进行创造、创新，最终解决问题形成作品，并大胆分享、推广作品。

如图 3-4 所示，项目从启动之初到结束，学生自己组建团队，制订计划分工，进行实地考察，发现汇总问题，再从中找到项目的驱动问题，主动应用多学科知识解决问题，最终以多种形式分享团队成果。教师真正地只是成为一个帮助者，经过前后两次项目学习，教师角色发生了这样的转变，这种转变正是孩子们的变化、成长带来的。

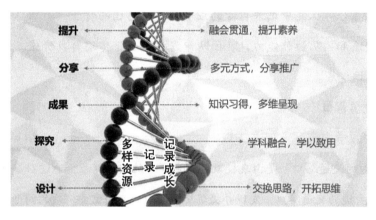

图 3-4 项目学习过程

有了社团活动激发的"兴趣点"和机器人课程带动的"生长面"，使以机器人课程（包含拓展类和研究类课程）为代表的特色系列课程成为科技素养类课程体系的重要组成部分，并积极与其他科技素养类课程，以及其他素养课程进行跨学科融合，为学生提供更广阔的创新实践空间，促进学生的发展成长，为每一位学生提供适合的方向指引。

案例 3-2 为我校特色课程"身边的交通路口"教学设计。

案例 3-2 特色课程"身边的交通路口"教学设计——生活实践，创新创造

1. 指导思想与理论依据

信息技术学科核心素养包括信息意识、计算思维、数字化学习与创新、

信息社会责任。本节课借助红绿灯路口模拟设计搭建，激发学生兴趣，于红搭建过程中，了解相关机器人编程控制知识，能够运用所学知识分析、解决实际问题，借助移动端学习信息的采集、交流与分享，提升学生的信息技术学科核心素养。

本课从学生亲身观察体验引发研究问题，生成学生的兴趣关注点，同时引导学生在合作探究中记录自身的成长，发挥自己的特长，树立自信心，加强人际交流和团队协作能力，在团队中发挥特长，体现自我价值，促进学生自身的长远发展。

2. 教学背景

（1）教学内容

"身边的交通路口"是由我校教师自主开发的校本课程，通过引导学生亲身实地观察身边的交通路口，发现并提炼交通路口存在的需要解决的问题，进而借助利用组件模拟搭建的红绿灯路口，了解生活中红绿灯的简单原理；通过编写程序控制解决身边交通路口实际存在的问题，学会使用等待、显示、声音图标，认识、理解、选择结构程序；能够利用所学知识解决实际生活中的问题，加深对编程逻辑的理解和思维的培养。同时引领学生在活动中获得愉快的情感体验，锻炼思考、表达、交流的能力，提升社会交往、团队合作、交流分享的意识。

（2）学生情况

四年级的学生已有一年的机器人课程基础。对使用组件搭建和简单程序编程（顺序、循环结构）有一定知识储备，已经学习了马达旋转、等待、马达停止、灯光块、循环等图标的基本使用，并且可以实现控制马达正反转、马达停止、声音发出、特定颜色点亮集线器灯以及循环重复程序的执行。学生课前主要存在以下问题。

①对研究问题的汇总、归纳、提出存在模糊认识，不能够清晰明确地找到研究的驱动问题；

②综合运用所学知识解决实际问题的能力有待进一步提高；

③能编写简单程序控制机器人，但对机器人程序结构的认识还需要加强；

④能进行乐高文档记录，但记录形式、内容以及结果推广分享形式需要教师进一步引导。

（3）前期状况及对策

①思维导图，深入思考

教师作为帮助者和引领者，帮助引导学生借助思维导图将隐形思维变成显性思维，主动激活已有的知识，并且不断地扩充、调整、组合、建构，同时在活跃的氛围中促进学生积极思考，更好地进行发散思维和创新思维。

②联系生活，研究分化

从生活引入，通过亲身观察，分析讨论，激发学生兴趣；借助思维导图呈现问题，并且帮助引导学生打开思路，拓展思维，形成多个研究方向，进而让各小组选择本组想要研究的方向，深入研究问题解决方案。

③合作探究，不断发现

通过对由生活观察而引发的问题进行合作探究，学生小组发现问题、分析问题、解决问题，学生于组内、组间不断地主动更新、建构知识。在合理使用所学知识解决生活中的问题的过程中，做到学以致用、主动参与、乐于探究、团队合作。

④技术支持，提升素养

引导学生明确文档记录的是学习发现的过程，以及分析解决问题的过程。多种形式记录的是多个角度的展现，恰当运用技术支持激发了学生学习的兴趣，增强学生应用技术的能力，提升学生团队合作、交流分享、团队管理的意识水平，提升学生的信息素养。

（4）教学方式

成立团队—选定问题—制订计划—活动探究—作品制作—成果交流—活动评价。

观察分析、交流讨论、合作探究、实践操作、记录分享。

（5）技术准备

教学课件、平板电脑、学生小组思维导图、学生研究资料。

（6）教学目标

①知识与技能

了解程序的选择分支结构；学会使用声音、显示编程图标；熟练使用乐高文档进行记录并分享。

②过程与方法

通过小组团队合作探究，体验科学研究的一般方法；通过借助思维导图深入思考，学会发现问题、分析问题的方法。

③情感、态度与价值观

在模拟智能控制解决路口问题的过程中，提升主动学习应用知识的意识；在思考表达交流分享的过程中，提升团队合作、团队管理、交流分享的意识。

（7）教学重点、难点

①重点

学会使用声音、显示编程图标;熟练使用乐高文档进行记录并分享。

②难点

应用声音、显示编程图标解决问题。

3. 教学过程

①激发兴趣,汇总问题;

②聚焦问题,引领方向;

③研究分化,解决问题;

④交流展示,多元分享;

⑤总结评价,引导深入。

"身边的交通路口"一课的具体教学过程见表3-2。

表3-2 "身边的交通路口"教学过程

教学阶段	教师活动	学生活动	设置意图	技术应用	时间安排
激发兴趣,汇总问题	师:同学们之前已经对学校或家附近的一个红绿灯交通路口进行了实地观察,看到了一些现象和问题;并且各小组已经借助思维导图把本组成员的观察进行了整理。	1.学生在课前对学校、家庭附近的一个红绿灯交通路口进行了实地观察,同时进行了路口交通问题的记录。 2.学生小组利用思维导图对本组成员观察的现象以及问题进行汇总。	贴近学生生活,尊重学生的起点和需要,提升学生信息意识;同时借助个人报告和小组思维导图帮助学生归纳总结厘清问题,提升学生发现问题、提出问题的能力。	屏幕投影、思维导图	5分钟

（续表）

教学阶段	教师活动	学生活动	设置意图	技术应用	时间安排
激发兴趣，汇总问题	师：请各个小组展示本组的思维导图，与大家分享你们的发现。 师：我们一起来汇总归纳各小组发现的问题。 教师利用思维导图汇总归纳各组的问题。（同时板书） 问题预设： 1. 路口行人、自行车闯红灯； 2. 红灯时间过长； 3. 车流量大，特别拥堵。 ……	学生各小组展示本组的思维导图，说明本组归纳的问题。 学生汇总归纳各小组问题。		屏幕投影、思维导图	
聚焦问题，引领方向	师：我们看到了同学们汇总的问题，现在思考一下：你们打算用什么方法来解决发现的这些问题呢？ 教师继续利用思维导图归纳记录学生提出的解决办法。（同时板书） 解决办法预设： 1. 法规教育； 2. 人员值班提醒； 3. 指示牌提醒； 4. 警示声音提醒； 5. 时间调整； 6. 车流监测。 …… 教师引导学生将问题进行归类：法规宣传、增加人力等，引导学生认识到有些问题可以通过智能控制的方式解决。	学生思考并尝试回答。 学生思考并回答：问题的分类；问题的解决可以应用智能控制。	借助思维导图清晰呈现各种问题的层级关系，帮助学生掌握正确有效的学习方法，促进其发现问题、解决问题能力的提升；引导学生深入思考和发散思维，促进学生主动地建构知识，为学生的数字化学习和创新打下基础。	黑板、屏幕投影、思维导图	8分钟

（续表）

教学阶段	教师活动	学生活动	设置意图	技术应用	时间安排
研究分化，解决问题	师：下面请各小组从班级汇总归纳的问题中选择你们想要尝试利用智能控制来解决的问题。 教师提出研究要求： 1. 利用路口搭建模型、器材组件和程序编写来模拟问题解决的智能方案； 2. 做好研究过程记录。 教师巡视指导，关注各小组研究中出现的问题，及时指导帮助。 师：在研究的过程中，你们遇到了什么问题？ 师：针对这个问题，你们做了哪些修改调整？ 师：你们的方法是否得到成功验证？ 师：你们的方法是否还需要改进？ 教师借助学生问题反馈呈现，帮助学生补充知识：显示图标、声音图标的使用。 	学生各小组选择本组想要解决的问题。 学生明确研究要求。 学生小组进行团队合作，展开问题研究，同时利用PAD（平板电脑）做好过程记录。 学生研究中提出问题，反馈想法。 学生听讲学习。 学生小组深入研究，模拟改进解决方案，做好过程记录。	通过分析讨论，合作探究解决问题，增强学生主动应用所学知识解决问题的能力，提升运用信息技术解决问题的意识水平，培养学生的计算思维。	屏幕投影、PAD	17分钟

（续表）

教学阶段	教师活动	学生活动	设置意图	技术应用	时间安排
交流展示，多元分享	师：各组进行记录文档汇报，用你们喜欢的、别人愿意接受的方式展示本组的研究成果。重点可以说一说在研究过程中遇到了什么问题？如何解决？还需要做哪些改进？有哪些收获？…… 针对学生的展示分享，教师进行点评。 1.记录研究过程中遇到的问题和解决办法（研究中的困难、问题、收获等；知识获得，如声音、显示图标的使用，以及程序选择分支结构）； 2.研究中团队合作和团队管理的情况； 3.交流分享的展示形式； 4.交流分享的内容呈现（图片、文字、视频等）。	学生展示交流，采用各种形式与他人分享小组的研究。 学生自评和互评。	关注过程性记录的内容，引导学生关注自身和团队在过程中的发展成长，获得不同方向的收获体验；提升团队合作和团队管理意识；增强项目活动管理和成果分享推广的能力。	屏幕投影、PAD	6分钟
总结评价，引导深入	总结 师：同学们通过亲身实地观察身边的红绿灯路口，发现存在的问题，并且能够与小组成员一起汇总问题并分析，共同尝试研究问题的解决方案。在这个过程中，我们不但初步体验了研究的过程，学习了更多程序控制的知识，还在团队合作和管理上有了更多的收获。 师：请同学们观看六年级同学对身边的一个红绿灯路口的观察研究。	学生听讲。		屏幕投影	

（续表）

教学阶段	教师活动	学生活动	设置意图	技术应用	时间安排
总结评价，引导深入	教师展示曲同学的研究资料。 （展示PPT资料内容略）	学生观看交流。	通过观察严谨的科学研究，引导学生运用科学研究方法进行更为深入的研究和问题发现与解决，为后续学习研究做良好开端。	屏幕投影	4分钟

（续表）

教学阶段	教师活动	学生活动	设置意图	技术应用	时间安排
	师：我们发现曲同学除了亲身实地观察，还使用专业工具测量、建立模型分析、调查问卷、专家访谈等多种研究方法，发现了问题，找到了证据，获得了数据，提出了可行的建议。 建议同学们可以参考曲同学的研究，各小组围绕身边的红绿灯路口进行深入的研究，记录你们的发现，我们下一节课继续交流分享。 下课！				

4. 教学评价

（1）活动中过程性评价

各小组活动中的记录文档，不仅记录了学生的活动过程，同时记录下各小组在活动中遇到的困难、问题和解决的方法，以及学生的新发现、新思考。借助小组的记录文档，学生和教师能够进行过程性评价，并能及时评价反馈，从而发现问题、调整方法、督促进度等，发挥过程性评价的作用。

（2）小组自评

各小组汇报记录文档，选择本组喜欢的、别人愿意接受的方式展示本组的成果作品和研究发现。重点说一说在研究过程中遇到了什么问题？如何解决的？还需要做哪些改进？有哪些新的发现或思考？有哪些收获？……同时对本组从成果制作、交流分享、团队合作、活动管理等方面进行自我评价。

（3）小组互评

各小组间分别从成果制作、交流分享、团队合作、活动管理等方面进行

评价投票，并对评价对象提出可行的建议。

（4）教师评价

针对学生小组，教师从以下几个方面进行点评，肯定成果并提出可行的修改建议：小组成果作品的制作完成；交流分享的展示形式和交流分享的内容呈现（图片、文字、视频等）；记录研究过程中遇到的问题和解决办法（困难、问题、收获等；知识技能、过程方法、情感态度等方面的成长等）；研究活动中团队合作和活动管理的情况。具体评价量规见表3-3。

表3-3　评价量规

成果制作	A. 能够熟练运用所学机器人知识搭建完善模型，并进行程序控制，很好地解决发现的问题。	B. 能够运用所学机器人知识搭建基础模型，能进行程序控制，基本解决发现的问题。	C. 能够搭建简单模型结构，但不能进行程序控制，未解决发现的问题。
交流分享	A. 语言表达流畅；分享交流形式有创意、吸引人；记录文档内容非常丰富。	B. 语言表达比较流畅；分享交流形式比较吸引人；记录文档内容比较丰富。	C. 语言表达不够流畅；分享交流形式单一；记录文档内容单一。
团队合作	A. 小组氛围融洽，愿意共同为目标努力，互相帮助鼓励，全体成员都能积极参与到活动中。	B. 小组氛围比较融洽，能够为目标努力，偶尔出现争吵埋怨的情况；大部分成员能参与到活动中。	C. 小组氛围不融洽，经常出现争吵埋怨的情况；只有少数成员参与到活动中。

（续表）

活动管理	A.目标明确，计划安排合理，利用小组成员不同特点分配不同任务，顺利完成活动。	B.目标比较明确，计划安排比较合理，本小组完成活动。	C.目标模糊，计划安排不太合理，小组未顺利完成活动。

5. 教学特色

（1）思维导图，引领研究

思维导图可视化的树状结构图可以清晰地呈现层级关系和学生的思维顺序，帮助学生进行自主与合作学习，有效提升学生发现问题、解决问题的能力水平，促进他们主动建构知识，形成创新发散思维。

（2）目标分化，成果多样

学生小组通过对真实问题的调查发现，并借助思维导图对发现的问题和可能的解决方案进行思维扩展发散、归纳总结，从而各学生小组研究问题的方向目标不同，相应的解决方案各异，呈现的成果作品多样，进一步促进学生研究的深入、思维的延展、素养的提升。

（3）移动学习，记录分享

平板电脑的使用辅助学生完成文档的记录与分享，实现了多种形式信息的及时采集记录，对研究过程的充分记录与分享有效激发了学生的学习兴趣，提升了学生的信息素养。

（4）源于生活，服务生活

基于生活经验和已有知识，把机器人知识与生活实际建立联系，体现"源于生活，服务生活"的思想。

6. 教学反思

（1）优点

①关注生活，激发兴趣，乐于探究

充分尊重学生的认知特点，从生活引入，让学生通过亲身观察实践，发现并关注真实生活问题，极大地激发了学生兴趣，使学生乐于进行活动探究。在整个活动过程中，从课前调查到汇总问题再到问题解决以及交流分享，学生的参与度非常高。在教学活动结束后对学生进行随机访问调查，学生们表示非常愿意参与与生活密切相关的活动，利用所学知识解决生活中问题的过程让自己有成就感。

②思维导图，引领研究，提升能力

教学中引导学生借助思维导图呈现问题，借助思维导图可视化的树状结构图把各级层级关系和学生的思维顺序清晰地呈现出来，从而有效地帮助学生掌握正确有效的学习方法，便于进行自主与合作研究。教师可以借助思维导图引领学生深入思考，积极拓展思维，形成多个研究方向，进而让各小组选择本组想要研究的方向，进行不同问题、不同解决方案的深入研究，使得学生更好地进行发散思维和创新思维。

课后教师利用《威廉斯创造力倾向测验》问卷对本次授课班级 A（使用思维导图班级）和其他对照授课班级 B（不使用思维导图）进行测试，结果见表 3-4。

（说明：在教学活动之前利用《威廉斯创造力倾向测验》对 A、B 班学生进行前测，相关数据显示：这两个班级在冒险性、好奇心、想象力和挑战性四个维度上都不具有显著差异，A、B 两个班的学生在发现问题、解决问题，特别是创造性地解决问题方面水平相近。由此可判定，两个班级在机器人项目学习课程进行之前的创造力水平较为一致。实施教学活动过程中，A 班在活动学习中应用思维导图引导促进研究问题的生成，B 班在活动学习中不应用思维导图，而是由教师给定研究问题。）

表 3-4 《威廉斯创造力倾向测验》描述性统计

	冒险性	好奇心	想象力	挑战性	创造力
四年级 A	25.39	32.19	27.42	29.48	114.48
四年级 B	24.10	30.67	26.13	28.40	109.30
优秀标准	30	36	35	32	
满分	33	42	39	36	

注：创造力即为四个维度的总分，总分在 133 分以上表明有很大的创造性潜能，111—133 分表明创造力潜力良好，111 分以下表明创造力倾向一般。从创造力倾向各维度看，常模指出冒险性、好奇心、想象力以及挑战性的优秀标准分别是 30 分、36 分、35 分和 32 分。

根据前后结果对比发现：思维导图对活动中学生研究问题的生成有效，能够促进学生知识建构的达成，提高学生发现问题、解决问题的能力；学生的创造力未达到优秀标准，还未提高到显著水平。

同时在针对本次授课班级 A 班学生关于"机器人课上的思维导图对你有帮助吗？"进行问卷调查（如图 3-5 所示）和访谈。此次授课班级学生表示：思维导图能让我有更多的想法；思维导图让我的思路更清楚了；感觉课上的我一步一步地想得更深入了；后面的课上我想跟小组伙伴们自己试试思维导图，说不定我们有更好的想法……

调 查 问 卷

亲爱的小同学，你好：

　　为了了解学生们的真实想法，特进行此次匿名调查。这是一份用于科学研究的调查问卷，填写这份调查问卷与你的任何学业成绩和操行评定都毫无关系，选项没有对错之分，仅凭借读完每一句话后的第一印象作答。确定选项之后请不要进行修改。

性　别	1. 男　　2. 女	问卷编码	
年　级	_____ 年级	班　级	_____ 班

这里询问的是你的真实想法。如果发现表格中句子描述的情形很适合自己，就进行选择。每个题目都有三种选择：如果觉得完全不符合你自己，就在数字1上打√；如果觉得部分符合自己，就在数字2上打√；如果觉得完全符合你自己，就在数字3上打√。	完全不符合	部分符合	完全符合
1 在学校里，我喜欢试着对食物或问题作猜测，即使不一定猜对也无所谓。	1	2	3
2 我喜欢仔细观察我没有见过的东西，以了解详细的情形。	1	2	3
3 我喜欢变化多端和富有想象力的故事。	1	2	3
4 画图时我喜欢临摹别人的作品。	1	2	3
5. 我喜欢利用报纸、旧日历等废物来做成各种好玩的东西。	1	2	3
6. 我喜欢幻想一些我想知道或想做的事。	1	2	3
7. 如果事情不能一次完成，我会继续尝试，直到成功为止。	1	2	3
8. 做功课时我喜欢参考各种不同的资料，以得到多方面的了解。	1	2	3
9. 我喜欢用相同的方法做事情，不喜欢去找其他新的方法。	1	2	3
10. 我喜欢探究事情的真假。	1	2	3
11. 我喜欢做许多新鲜的事情。	1	2	3
12. 我不喜欢交新朋友。	1	2	3
13. 我喜欢一些不会在我身上发生的事。	1	2	3
14. 我想象有一天我能成为艺术家、音乐家或诗人。	1	2	3
15. 我会因为一些令人兴奋的念头而忘记了其他的事。	1	2	3
16. 我宁愿生活在太空站，也不喜欢住在地球上。	1	2	3
17. 我认为所有的问题都有固定答案。	1	2	3
18. 我喜欢与众不同的事情。	1	2	3
19. 我常知道别人在想什么。	1	2	3
20. 我喜欢故事或电视节目所描写的事。	1	2	3
21. 我喜欢和朋友在一起，和他们分享我的想法。	1	2	3
22. 如果最后一本书的最后一页被撕掉了，我就自己编造一个结果。	1	2	3
23. 我长大后，想做一些别人从没想过的事情。	1	2	3
24. 尝试新的游戏和活动，是一件有趣的事。	1	2	3
25. 我不喜欢受太多的规则限制。	1	2	3
26. 我喜欢解决问题，即使没有正确的答案也没有关系。	1	2	3
27. 有许多事情我都很想亲自去尝试。	1	2	3
28. 我喜欢唱没有人知道的新歌。	1	2	3
29. 我不喜欢在班上同学面前发表意见。	1	2	3
30. 当我读小说或看电视时，我喜欢把自己想成故事中的人物。	1	2	3
31. 我喜欢幻想200年前人类生活的情形。	1	2	3
32. 我常想自己编一首新歌。	1	2	3
33. 我喜欢翻箱倒柜，看看有些什么东西在里面。	1	2	3
34. 画图时，我喜欢改变各种东西的颜色和形状。	1	2	3
35. 我不敢确定我对事物的看法是否猜对了。	1	2	3
36. 对于一件事物先猜猜看，再看是否猜对了，这种方法很有趣。	1	2	3
37. 玩猜谜之类的游戏很有趣，因为我想知道结构如何。	1	2	3
38. 我对机器很感兴趣，想知道里面是什么样子的，它是怎么转动的。	1	2	3
39. 我喜欢可以拆开来玩的玩具。	1	2	3
40. 我喜欢想一些新点子，即使用不着也无所谓。	1	2	3
41. 一篇好的文章应该包含许多不同的意见或观点。	1	2	3
42. 为将来可能发生的问题找答案，是一件令人兴奋的事。	1	2	3
43. 我喜欢尝试新的事物，目的只是为了想知道会有什么结果。	1	2	3
44. 玩游戏时，我通常有兴趣参加，而不在乎输赢。	1	2	3
45. 我喜欢想一些别人常常谈过的事情。	1	2	3
46. 当看到一张陌生人照片时，我喜欢去猜想他是个怎样的人。	1	2	3
47. 我喜欢翻阅书籍和杂志，但只想大致了解一下。	1	2	3
48. 我不喜欢寻求事物发生的原因。	1	2	3
49. 我喜欢问一些别人没有想到的问题。	1	2	3
50. 无论在家还是在学校，我总是喜欢做许多有趣的事情。	1	2	3

问卷到此结束，感谢同学们的认真作答！！！

图3-5　《威廉斯创造力倾向测验》问卷

③团队合作，记录分享，提升素养

　　整个教学活动均以学生小组合作探究的形式展开，在团队合作、共同研究中发现问题、分析问题、解决问题，在达成学以致用的同时增强合作责任意识、活动计划管理水平。活动过程中多种形式的记录则真实呈现了学生多个角度的发现、思考与成长，切实提升学生创新素养。

　　整节课从真实生活问题出发，恰当运用学习支架和技术支持，较好地达成了本课的教学目标，增强了学生发现问题、解决问题的能力，提升了学生的学科核心素养。

（2）不足

①团队分享交流时间不足

本节课教学中借助思维导图引导学生小组进行问题归纳时，对各小组的同类问题汇总归纳得不够及时，以致课堂教学环节稍长，使得后续学生团队分享交流的时间不充足，应该在后续教学实践予以修正，以增加学生团队分享交流的时间，更好地评价反馈促进教学。

②相关技术平台应用不足

出于学生特点考虑，本节课中学生个体和小组的思维导图均以手写绘制的形式出现。但从更利于培养提升学生信息技术核心素养出发，应该在日后实践中增加思维导图相关技术平台软件的使用，比如百度脑图等。

③团队活动管理能力需加强

尽管本节课中学生团队表现不错，但是学生小组在团队活动管理方面的能力还存在不少的进步空间，需要在后续实践活动中继续加强引导学生重视项目活动的管理，提供多种资源帮助学生进行更多更深入地锻炼，提升其团队管理的能力以利于学生顺利深入展开研究学习活动。

第四章
教学方式篇
——基于教与学方式的改变

第一节　实现教学方式的改变

教学方式是在一定的教学思想或教学理论指导下建立起来的相对稳定的教学活动结构框架和活动程序。作为结构框架，突出了教学方式从宏观上把握教学活动整体及各要素之间内部的关系和功能；作为活动程序则突出了教学方式的有序性、可操作性以及可调整性。

传统的传授式教学方式是以教师为中心，教师利用讲解、板书和各种媒体作为教学的手段和方法向学生传授知识，学生则被动地接受教师传授的知识。传统教学方式建立在"传递—接受"教学理论和行为主义的"刺激—反应"学习理论基础之上，忽视了学生在学习中的主体性，片面强调灌输方式，在不同程度上压抑和阻碍了学生的个性发展。近年来教学方式逐渐从以"教"为主向以"学"为主转变。现代教学方式的发展趋势是以人为本，重视教学活动中学生的主体性，重视学生对教学的参与，根据"教"与"学"的需要合理设计"教"与"学"的活动。这种教学方式已被普遍广泛地使用，并逐渐发展成结合教师引导、学生自主、师生共进的混合式教学方式。

一、信息技术课教学方式的改变

信息技术课的教学方式也从传统教学方式向以"学"为主的方式改变。因此，学习任务需要包含挑战性任务、真实的任务，以及综合的跨学科任务。适当设置具有挑战性的任务，可以在保障完成课程总体目标的基础上，激发学生进一步的学习兴趣，从而使之获得成功的体验。设置的任务应当具有一定的真实性，应与学生的学习和生活密切相关，能够解决学生学习和生活中实际存在的问题，使学生带有强烈的学习目的，同时在问题解决、任务完成的过程中，学会与人沟通交流，从团结协作的过程中获得益处。此外，要完成具有挑战性的真实的任务，需要学生具有综合的跨学科知识并且能够熟练地运用多学科知识，从而在"用技术学习"的过程中受益。

基于以上要求，信息技术课程的教学方式必须从"学习者被动接受，单纯学习技术知识"的传统方式迅速地向"学习者自主探究学习知识，学会并善于利用习得的信息技术进行跨学科的综合性知识学习"的引导方式转变，进而向"注重培养学生寻找目标、设定目标、创建学习研究过程、实现目标的整体思维和实践能力；注重学生学习思维的训练与培养；注重知识概念的掌握及研究过程，将知识转化为探索、创新、研究的体系；注重学生交流合作共享等多方面能力提升；注重学生责任意识培养"的引导探究混合方式转变，以求得学生、教师的共同提高发展。

二、信息技术课教学方式改变的具体案例及分析

课堂教学应该充分发挥学生在学习过程中的主动性、积极性和创造性，学生被看作知识建构过程的积极参与者，学习中的许多目标和任务都要通过学生主动、有目的地获取材料来实现。教师作为教学过程的组织者、指导者、促进者和咨询者，在关注学生的学习过程中起到启发、引导学生的作用。以"学"为主的教学方式具体分为基于任务驱动的教学方式、基于问题解决的教学方式、基于问题链设计的教学方式，以及基于项目学习的

教学方式。

1. 基于任务驱动的教学方式

"任务驱动"是一种建立在构建主义教学理论基础上的教学法。在整个教学过程中，教师从学生身边事物、实际经历出发，关注全体学生，以完成一个个具体的任务为线索，把教学内容隐含在单个任务中，引导学生学会发现、分析思考，寻找解决问题的方法。坚持"以人为本"，尊重个体差异，关注不同层次学生的发展，注重任务的明确性、层次性和挑战性，从而让全体学生产生强烈的学习动机，建立紧张有序、活泼轻松的学习过程。例如案例4-1，由角色扮演的任务引入，教学活动基本以学生的自主探究为主，教师只参与指导，充分发挥学生的自主性。

案例4-1　"调整幻灯片顺序"的教学过程

开设年级

四年级

教学过程

①让学生进入角色：制作《十二生肖》的幻灯片。

②学生尝试完成自己的《十二生肖》的幻灯片。

③让学生思考：幻灯片视图有哪几种方式？几种视图的区别在哪里？分别用在什么时候？

④学生讨论交流制作幻灯片的方法。

⑤学生演示操作：在幻灯片文件《十二生肖》中如何调整幻灯片顺序，解决思考题。

⑥师生共同进行知识总结。

⑦实战：制作几个不同难度的幻灯片：《画蛇添足》（使幻灯片顺序合理、故事完整），《守株待兔》（删掉不合适的场景，使幻灯片顺序合理、故事完整），《属于你的故事》（甄选确定演员、拍摄场景，使幻灯片顺序合理，讲述一个与别人不一样的属于自创的故事，同时告诉观众一个正确的道理）。

⑧教师引导：讲解制作幻灯片需要遵守的原则。

⑨影片参展：师生共评，给予肯定，并提出合理化建议。

基于任务驱动的教学方式让学生能够在一定的情境下、在教师的帮助下，共同围绕一个任务活动，并在完成任务的目标驱动下、在学习资源的支持下，展开探究学习，完成既定任务。任务驱动以要解决的任务为中心，围绕任务展开活动，直至任务完成。

2. 基于问题解决的教学方式

在基于问题解决的教学方式中，问题作为师生初始的挑战和动机，使师生带有积极的学习兴趣主动参与问题的探究、问题的解决。教师作为学生学习的牵引者，提出有意义的问题，激发学生思考，与学生共同参与解决问题，从而使整个教学过程顺畅有意义。

在教学实践过程中，问题有相当大的部分来源于课堂提问，即在课堂教学中，教师就有关教学内容提出问题，让学生作出应答。课堂提问是课堂中师生之间情感和信息交流的有效途径，为师生创造了良好的沟通交流平台，在师生的有效交流中，课堂提问成为启发学生智慧、激活学生思维的关键。有效的课堂提问能够为教学提供方向、强化学生对知识的掌握、解决学生学习中遇到的疑难，并且激活学生思维，进而实现激发学生创新欲望的目的。例如在案例 4-2 中，围绕教师提出的课堂问题，学生积极思考，主动给出有想象力的回应，进而完成自主探究过程。

案例 4-2 "直线和曲线"的教学过程

开设年级

三年级

教学过程

①教师提出问题：课前出示各种图形（如图 4-1 所示），让学生回答"这是什么？"。

图 4-1　各种图形

②学生展开讨论：充分发挥想象回答。答案层出不穷：荷叶、打结的绳子、鞋垫、花生、草莓、萝卜等。

③学生自主探究：利用计算机画图工具将想象到的事物画下来，边画，边思考。在画图的过程中，学生很快画出了直线，但同时产生了知识需求：曲线工具如何使用。

④教师指导：提供电子学案，引导学生通过看书、查阅电子学案，获取相关知识。并针对学生在自主探究过程中容易出错的地方、值得注意的地方进行讲解、引导、提示。

⑤展示评价：师生共评。教师把较好的学生作品打印出来，作为展示或奖励，使学生获得成功的体验。

在实际教学中，仍然存在一些有关课堂问题的误区。例如：有的问题流于形式，缺乏师生深层次思考的交流；有的问题设置只有"问"没有"疑"，学生的回答没有认知冲突，没有思想碰撞，答案是现成的；有的问题没有计划，随意性强；有的问题与教学重难点相距较远，没有实效；有的问题过于深奥晦涩，学生无从答起；有的问题思考时间过短，学生思维断层；有的问题乏味，学生提不起兴趣；有的问题只面向少数人，大部分学生积极性不高；有的问题缺少及时的反馈评价，学生无所适从……因此，在设计问题时，应提前决定提问频次、时机和对象，并且明确问题的提出者为学生还是教师，提问方式为直问、追问、设问还是反问，以及问题的类型、难度等。

3. 基于问题链设计的教学方式

问题链是指教师依据学生的已有知识经验和知识障碍点，认真分析研究教材，确定教学目标、教学重难点，将教材知识点设计成层层递进、螺旋上升的，具有整体性、系统性、激发性的一连串的教学问题。问题链是基于课程知识内容体系构建的具有自然衔接关系的问题队列，具有全面性（覆盖课程内容的知识点）和衔接性（问题间的自然过渡和紧密相扣），由多个有逻辑性的问题有机组织而成，有目标、有梯度、有引领、有思考的空间。问题链可以加强知识的内在联系，其设置应符合学生的认知规律，遵循前易后难的原则，通过问题把学生的思维不断引向深处，引导学生主动学习、深度学习，提升学生的学习品质，真正有助于培养他们的信息技术学科核心素养。

根据不同的教学目标和任务，问题链有以下几种不同的类型。

其一，导入性问题链。该类问题链方便教师导入课题，使不同的课题之间平滑转接，为后面的学习打下基础，有助于吸引学生的课堂注意力，激发学生对后续知识的学习兴趣，增加学生获取新知识的求知欲望。导入性问题链多用于新课程，它让学生回顾已有的知识结构，了解、掌握旧知识与新知识之间连接的知识点，引导学生用演绎、类比、归纳、总结等方法揭示新旧知识的联系。案例 4-3 即为导入性问题链设置。

案例 4-3 "绘制图形"的导入性问题链设置

开设年级

三年级

教师提问

①使用哪些形状可以绘制冰箱、卡车、金字塔、足球的图案（如图 4-2 所示）？（让学生回忆已有知识）

图 4-2　冰箱、卡车、金字塔、足球的图案

②由五边形、六边形、圆形组成的图形就是足球吗？（让学生思考已有认知）

其二，递进式问题链。递进式问题链是指根据学生的认知发展水平的规律和学科知识间的逻辑顺序，设计出的一连串循序渐进、螺旋上升的问题链。通过环环相扣的问题，循序渐进、由浅入深、由此及彼地引领学生思考，让学生不断地感悟问题，引导学生的思维向知识的深度和广度发展，促进学生的知识建构。案例4-4即为递进式问题链设置。

案例4-4 "设置对象动画"的递进式问题链设置

开设年级

四年级

教学活动

学生展示自己的动物影集作品。在展示过程中，教师引导学生介绍作品，介绍自己设置动画的想法，观察、思考、讨论设置动画的作用。

教师提问

①为哪些对象设置了动画？

②为什么要设置这种效果的动画？

③展示作品中的动画起到了什么作用？

其三，探究性问题链。探究性问题链是指教师为转变学生的学习方式、促进学生独立自主地学习而设计的富有思考性的问题链。通过设计探究性问题链，教师可以调动学生学习的积极性和好奇心，让学生大胆猜想、主动探索，有利于培养学生的创新精神和科学探究实践能力。案例4-5即为探究性问题链设置。

案例4-5 "绘制图形"的探究性问题链设置

开设年级

三年级

教师提问

①把相同的图形连在一起，可以画什么？请描述如何画。

②把不同的图形连在一起，可以画什么？请描述如何画。

③把相同的图形叠在一起呢？

④叠与连有什么区别？

⑤既可以叠在一起又可以连在一起的情况呢？

其四，反思性问题链。通过反思性问题链，让学生交流讨论、相互学习、自我反思，从而进一步让学生达到自我提升的目的，提高学生自我评价的能力。案例4-6即为反思性问题链设置。

案例4-6 "演示文稿的设计"的反思性问题链设置

开设年级

五年级

教学内容

创作演示文稿的步骤：确定主题—规划框架—收集资料—制作美化—展示评价。

教师提问

①再来看我们总结归纳的这个过程，思考一下：这个过程是否适用于其他作品（如Word作品、画图作品等）？

②是否适用于更多综合活动的一般过程？

4. 基于项目学习的教学方式

基于项目的学习是一种新型教学方式，关注的是学科的核心概念和原理，它要求学生从事的是问题解决，基于现实世界的探究活动以及其他的一些有意义的工作。它要求学生自主学习并通过制作作品完成自己知识的建构。

基于项目的学习是运用复杂、真实的生活项目，提供学习经验的一种教学方法。因此，此类学习的内容更注重与实际生活之间的联系，将学生置于真实的社会生活环境中，用所学知识与技能去解决遇到的实际问题。这些问题可能与学生学习生活密切相关，也可能与社会热点、前沿技术等问题相关。基于项目的学习能够使学生在现实世界中工作，建构起他们自己的知识体系，并能运用到现实生活当中去。

基于项目的学习要求学生亲自调研、查阅文献、收集资料、分析研究、撰写论文等，将学到的理论知识和现实生活中的实际问题紧密结合，得到综合训练。最后，学生还要在课堂上介绍自己的研究情况，互相交流，并训练表达能力等，具体流程如图 4-3 所示。

图 4-3　基于项目学习的流程

学生可以从身边的事物中发现问题，归纳概括出可供研究的项目；也可以根据课堂教学的需要，对教材中的某一知识进行补充、扩展和升华；还可以从书籍、电视、网络中获取丰富的信息，选定有意义的研究项目。教师引导学生小组的各位成员提出各种想法，然后由小组长综合各组员的意见，制订计划，确定行动方案，确定最终作品的形式和作品实现的功能以及组内成员的任务分工。教师帮助审定计划并进行必要的修改。通过实地考察、实物体验、资料查询、资料处理、活动记录、教师支持，学生完成活动探究。鼓励学生创作文字、图片、音频、视频等多视听形式融合的作品，并分享成果。最终活动评价以学生自评为主，引导学生充分交流经验。案例4-7即为基于项目学习的教学设计。

案例4-7　基于项目学习的教学设计 ——"我推荐喜欢的一本书"

开设年级

四年级

教学目标

通过活动任务的完成，学会用 PowerPoint 软件制作幻灯片的基础知识：创建幻灯片，在幻灯片中插入图片、文本框，添加背景图案。在任务进行过程中，完成分组、分工、协作、整理、归纳直至总结汇报的工作，增强综合运用知识的能力，提升阅读能力、分析能力，增强与人合作、沟通交流的能力，提高信息素养。

教学过程

①选定项目

两人或三人分成一组，在组长的带领下进行讨论、筛选，确定本组想要推荐给大家的一本书。

②制订计划

小组讨论确定计划（每个时间段需要完成哪些任务，并在时间节点上进行项目考核）；小组讨论任务分配（小组长综合各组员的意见，确定任务分工）；教师帮助审定。

③活动探究

资料准备：书籍实物、网络资料。

确定内容：我们这本书好看吗？有趣吗？为什么？我们为什么推荐这本书？选取哪些部分向大家介绍？也可以通过采访调查，了解其他人对这本书的看法。

利用文字、图片记录所见所想，小组成员讨论、整理、分析、筛选所得资料，确定核心展示内容。

技术支持：网络资料搜索、下载保存；创建幻灯片、在幻灯片中插入文字、在幻灯片中插入图片、为幻灯片添加背景图案。

④作品制作

让学生突出重点，即向大家推荐一本好书。注意各部分文字的详略、图片的选取，做到图文并茂、作品整体风格统一；提示学生作品的重点，协助学生解决技术难题。

⑤成果交流

小组推选主讲推荐人，组内演练（口齿清楚、表达流畅、激发兴趣），班内展示作品。

⑥活动评价

根据展示结果，学生小组投出小组支持票；教师指导评价，总结投票和项目成果。

通过课堂活动实践探索分析，我们发现，在教学实践中基于项目学习开展活动，有利于学生掌握多种学科知识与技能，有利于锻炼学生解决实际问题的能力，增强学生与他人合作的能力，提高其社会适应性，改变原有的教与学的方式。同时我们也发现，开展项目学习活动对软硬件环境、师生素质、资源支持等方面均有较高的要求，因此对项目学习活动中学生自主探究学习的调控、支持资源的开发建设、教师自身的素质要求等多方面需要进一步的探讨与实践。

··第二节　引导学习方式的改变··

学习方式是指学生在完成学习任务过程中基本的行为和认知的取向，学习方式不是指具体的策略和方法，而是学生在自主、探究和合作方面的基本特征。新课程改革的显著特征是学习方式的改变，即改变原有的单一、被动的学习方式，建立和形成旨在充分调动、发挥学生主体性的多样化的学习方式。学习方式改变的基本特征是由"他主"向"自主"改变，由强调学习结果向强调学习过程改变。学习方式的改变意味着个人与世界关系的改变，意味着存在方式的改变。改变学生的学习方式既是教育发展的要求，也是学生心理发展特点的要求。自主、探究、合作是目前新课程的重点。自主学习是指教师通过引发学生学习的主观能动性，引导学生围绕一定的学习材料创造性地发现问题、提出问题、解决问题的过程，为达到学习目标自主获取知识，进而形成学习能力的一项学习活动。自主学习强调学生综合运用所学知识，强调学生的主动探究，强调过程与方法，强调理性质疑、实事求是的科学态度和精神，概括为学生建立在自我意识发展基础上的"能学"、建立在具有内在学习动机基础上的"想学"、建立在掌握了一定的学习策略基础上的"会学"、建立在意志努力基础上的"坚持学"。

在信息社会中，学习资源无限扩大、异常丰富，如何使学生能够利用信息技术和信息资源解决实际问题，教育学生学会学习、掌握学习方法，从被动学习转向自主学习，这是对信息技术课堂的新要求。教师应该考虑如何在信息技术课堂中落实自主学习，促进学生学习方式的改变，从而帮助学生寻找、搜集和利用学习资源；如何设计恰当的密切联系生活的学习活动；如何设置满足不同水平学生的挑战性任务；如何及时反馈，帮助学生进行反思；如何对学习过程和结果进行评价，并促进评价的内在化。

课堂教学的生命源自学生对未知的探究，即教学过程是在教师的启发诱导下，以学生独立自主学习和合作讨论为前提，以现行教材为基本探究内容，以学生周围世界和生活实际为参照对象，为学生提供充分自由表达、质疑、探究、讨论问题的机会，让学生通过个人、小组、集体等多种形式的活动解难释疑，将自己所学知识应用于解决实际问题。学生的未知是什么？学生的生活世界是什么样子？现有的教材是怎样的？这些是教师在进行设计和教学之前必须要明确并深入了解的事情。作为信息技术学科，知识涉及内容庞杂，学生个体水平差异明显，使用教材种类很多，这就需要针对不同水平的学生，进行调查、研究和前测，在得到可靠的数据资料之后，为学生建立螺旋上升的知识体系结构，在培养学生信息素养的同时，为学生夯实学会学习的基础，关注学生人文素养的提升。

一、学情分析和资源梳理

1. 依据学生特点设置教学内容

作为教学活动的设计者，教师首先要分析教学对象的特征，根据学生所处的年龄层次，明确学生的学习需要。例如，四年级和五年级的学生就有着明显的差异（见表4-1）。因此，应当"以学定教"，制定教学目标，确定教学起点，采用多种策略，在教学过程中实现尊重学生间的个体差异，努力开发每个学生身上不同的潜能，满足学生的需要。

表4-1　四年级和五年级学生的差异

年级	四年级	五年级
认知内容	基本概念（幻灯片、动画对象……）； 模块技能（插入、自定义动画、放映切换……）	较难的抽象概念（母版、打包、多媒体作品……）； 基本原理（路径动画、超级链接、动作设置……）
认知水平	对熟悉的概念能够理解和综合；能够运用习得的技能	对新概念和原理进行理解和综合；能够扩展和迁移习得的技能
关注领域	更多关注家庭、朋友、学校	更多关注社区、国家、世界
持续时间	短暂	较长
运用资料	与年龄特点相符合的具体的材料	可以识别、建立符号化的图文材料（如程序流程图）
技术工具	文字处理软件的基础功能、视听设备	桌面应用系统、文字处理软件的复杂功能、演示文稿软件的基础功能
社会适应	两人或三人一组；指导者参与到对话中，鼓励观点交流和学习	几人一组或单人；指导者在学生和小组间巡视，但由学生进行交流对话

基于四年级和五年级学生的不同认知水平和知识掌握情况，教师应设置不同的教学内容，以及预设自身在其中扮演的角色，如经常指导或不经

常指导，直接或间接参与学生的学习过程（见表4-2）。

表4-2 四年级和五年级的教学设计

年级	四年级	五年级
课题	教师提供	教师与学生合作选定
教学内容	从学生生活、学习、环境入手，更多选取与家庭、朋友、学校、社区有关的人或事	更多选取与社区、家乡、国家、世界有关的内容
教师作用	经常指导，主要作用是规范计划、监控参与、评价进步	不经常指导，主要作用是协商，跟随学生轨迹，帮助安排实施的阶段和结果
达成目标	习得基础知识，掌握基本技能，在参与活动的过程中能够进行自我管理	主动运用基础知识，习得探究过程、设计过程中的相关知识，掌握资料收集和处理的技术性技能，能够初步展示交流自我

2. 梳理相关学习资源

学习资源是支持学生顺利开展学习，并为学生学习利用的一切物力和人力因素，具有丰富的内涵，并且随着社会科技的发展而将日益丰富。教师应在课前梳理本课的相关学习资源，这样才能在课堂教学中信手拈来，面对学生出现的问题，给予直观的参照指导。学习资源包括互联网所提供的各种各样的信息，各种平台的便捷使用，各种方式的及时交流互通等，网络使得学生学习从资源知识、时间空间等方面获得强大支持，以及在课堂学习中教师为学生提供的一系列文档、图片、音频、视频、平台等多种形式的资源，目的在于丰富课堂知识，激发学生学习兴趣，启发学生思维，帮助支持学生实现主动的知识建构。例如案例4-8中，教师为学生提供了图片资料、帮助文件以及大量贴近学生学习生活的实例，并通过细心整理，帮助学生自主学习。

案例 4-8 "设置自定义动画"的学习资源

开设年级

五年级

学习资源

① "背景图片""学习帮助""装饰图片""动画应用示例"(如图 4-4 所示)。

图 4-4 相关资料

②动画素材(动画应用示例 PPT 中的页面,如图 4-5 所示)。

图 4-5 动画应用示例 PPT 中的页面

二、知识传输和思维调动

1. 发现课堂细节和成功基点

一节课是由诸多小细节构成的,细节决定成败。我们发现,注重课堂教学的细节微末之处，往往会收获教学的大成功，即让学生顺利解决问题，达成目标。如案例4-9，通过在A4纸上画出规划草图这一细节，教师引领学生回忆，顺利地激活了其原有知识技能、学习经验，从而为成功制作后续海报提供技术支撑，有效掌握从设计到制作的一般方法。

案例4-9 "用文字处理软件设计版面——设计海报"的教学方法

开设年级

六年级

教学环节

设计构图，激活旧知。

教学方法

①出示课件（从真实的海报到规划草图的概括提炼；文字用矩形表示，图片用圆形表示）。

②请学生在A4纸上画出自己要设计的海报的规划草图（如图4-6所示）。

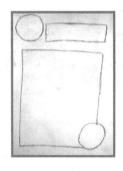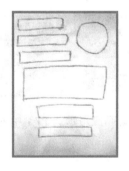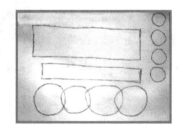

图4-6 海报的规划草图

③在实物展台上展示草图。

2. 设置紧密问题链引导知识建构

在教学实践中，可以选择以问题链的形式来引导学生循序渐进地构建认知。由一个个问题连接组成的问题链能够逐渐引领学生步步深入，将自己的隐性思维转化成显性思维，在不断寻求解决问题的过程中提升其思维品质和发现问题、解决问题的能力；同时充分调动学生的积极性，促进学生形成良好的认知结构。案例 4-10 即为设置紧密问题链引导知识建构的教学设计。

案例 4-10 "段落格式设置"的教学设计

开设年级

四年级

教学过程

①教师展示学生日常手写作文

师：同学们经常写作文，书写时有哪些格式要求？

生：题目居中、段首空两格。

师：为什么要遵循这些格式要求呢？

生：突出题目、段落分段清晰。

②教师展示学生在纸上书写的古诗

师：同学们，请观察这个作品怎么样？

生：书写比较清楚，内容完整……

师：针对这个作品，你有什么建议呢？

生：古诗题目和作者可以放在中间；字与字之间的距离可以加大；字号可以再大一些；古诗整体往中间放；每行之间的距离可以加大；上下对齐……

（教师总结学生回答，并板书："居中对齐"）

师：为什么这样修改呢？

生：放在中间更加突出、清晰；阅读方便；整体美观好看……

③教师展示修改后的古诗作品

师：对比作品修改的前后，你发现修改后的作品有了哪些进步？为什么做这些修改？

生：古诗题目和作者放在中间；字号变大、字间距离和行间距离增大；古诗整体放在这页纸的中间；作者靠右放；上下对齐……

（教师总结学生回答，并板书："行距"）

④教师继续展示一学生手写古诗作品，引导学生进行对比

师：继续观察这位同学将作品做了哪些修改？为什么？

生：段首空两格、题目居中、调整行距……

（教师总结学生回答，并板书："空两格 居中对齐 行距"）

⑤引出课题：段落格式的设置

师：下面我们一起来看在黑板上记录下的关键词，都是跟文章段落格式要求设置相关，都是段落格式设置中的专有名词。这节课我们就来学习段落格式设置。

案例4-10利用学生认知起点，借助问题引入对手写作文的观察分析，利于学生接受，符合学生基础认知；并继续从学生手写作文的观察分析入手，辅以渐进深入的系列问题链引导学生观察、思考、分析，顺利地借助问题链将学生感性认识抽象概括成理性词语，为后续的知识学习奠定基础；

同时继续让学生在媒介转换过程中实现知识的顺利过渡，为认知构建的深入搭建必要桥梁。

3. 运用教学机智调控课堂的节奏

在已经做了较多准备的情况下，课堂教学仍会不可避免地出现一些意外。在千变万化的课堂教学实际中，教师应具有"教学机智"，有驾驭课堂、调控课堂的能力，这是教师教学的基本素质之一。而这种看似"小聪明"的能力，实则源自教师日常的经验积累和教学设计时的充分预设。在教学设计时，根据学生的心理和知识掌握情况，教师可以对课堂中可能发生的情况进行一些预设。教师在教学过程中面对特殊的教学情境时的瞬间"小聪明"，成就了适时调整课堂的起伏、快慢、放收、疏密、动静的"大智慧"。

4. 设置真实的教学情境

课堂教学的目的是将教学过程赋予一定的生活意义，使教学知识回归生活，让学生的生活经验得以提升，成为终身知识。使所有的学生感受到课堂知识不但源于生活，而且服务于生活，使每一个学生都能观察、描述、感悟、理解生活世界。案例 4-11 和案例 4-12 即为来源于生活的真实教学情境。

案例 4-11 "拉伸和扭曲"的教学设计

开设年级

三年级

教学设计

①请学生利用课余时间，到户外活动，观察阳光下自己和同学的影子（影子是紧随自己的朋友），并拍摄照片。

②让学生思考：影子有什么特点？

③上课时先展示拍摄的照片。

④提示学生结合自己课前活动时的观察，再思考：影子有什么特点？

⑤让学生讨论交流，并尝试回答，例如：影子和光源的位置相反；物体影子与物体相比是有一些变形的；物体影子和物体是相连的……

案例4-12 "文字格式的设置"的教学设计

开设年级

四年级

教学设计

①教师演示课件（如图4-7所示），引导学生观察：生活中哪些地方用到了文字格式的设置？

图4-7　生活中的文字

②学生观看后交流讨论：设置后的文字起到了什么作用？

③学生根据体会发言。

④教师适当归纳总结，引导学生提炼出：应根据需要合理设置文字格式。

5. 尊重个体差异，设置分层任务

尊重学生的个体差异是"以学定教"的人文关怀的重要体现。由于遗传、家庭、教育和社会等因素错综复杂的影响，每个学生的个性特点不同，知识、能力、情感、意志、性格等都表现出不同的特点和发展倾向。只有学生的个体差异得到足够的尊重，才能促进全体学生的进步。相对于其他学科课程，信息技术课学生的个体差异表现得非常突出。

我们在教学研究的过程中发现，只要课堂上充分尊重各有所长的学生，分层分类，关注学生的个体差异和发展的不同需求，就可以促进学生在自身原有水平上获得提高，并找到适合自身的正确的发展方向。因此，我们在课堂中，特别是在分层任务练习环节，将这种人文关怀予以传达。案例4-13即为分层任务练习。

案例4-13 "直线和曲线"的分层任务练习

开设年级

三年级

分层任务

练习1：为作品中的小鱼添加上美丽的外衣和其他的鱼朋友（针对全体学生）。

练习2：利用所学的画图知识将作品补充完整（提问：它们是谁？）（针对部分学生）。

练习3：利用所学知识，为自己或旁边同学绘制简单的画像（展示"爸爸的画像"以作参考）（针对少数学生）。

三、思维建构和巩固提升

1. 运用思维导图，建构知识体系

思维导图作为一种促进思维、创新、记忆以及知识建构的工具，主要使用颜色、线条、符号、词汇和图像等方式来呈现思维的过程，可以有效地帮助学生掌握正确有效的学习方法，进行自主研究和深入思考，可以有效促进学生创新和发散思维的形成，促进学生积极将相关知识进行有效的建构。在小学信息技术课程教学中引入思维导图这一工具，除了能够更好地帮助学生进行新旧知识间的建构之外，还能促进学生在自主学习和合作学习中对知识的分析、检验、批判、建构，并帮助学生逐步进入数字化学习的广阔空间。

思维导图可以提高学生自主学习的速度和合作学习的效率，更快地学习新知识与复习、整合旧知识，建立清晰的思路。思维导图的层级结构可以促使学生对于知识之间的层次关系有更深的理解，从而加深对知识的记忆，使得学生个人的自主学习更具有针对性和导向性；在进行合作学习时，小组利用思维导图规划记录学习讨论的结构，可以使所有小组成员思路更加清晰有序，并且借助思维导图引导小组成员在讨论交流时更关注目标主题，清楚掌握进度，不易偏离主题，大大提高了讨论效率；与此同时形成明确的学习流程和规划安排，能够促进学习更好地深入（如图4-8所示）。

思维导图以放射性的思考展开，通过层级树状的形式帮助学生从繁杂信息中提取关键信息，并且在自身的知识背景之上逐级深入延展，从而进行主动的建构，促进新旧知识间形成新的联系。学生个体存在差异，因而围绕同一问题（主题）学生的思维逻辑不尽相同。在教学过程中，教师需要引导学生将自我逻辑转化成系统知识网状结构，将抽象的思维模式转化成具

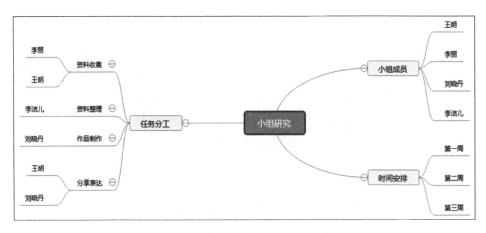

图 4-8　任务规划思维导图示例

体的认知结构，从而完成个人和小组的知识积累和知识建构。利用思维导图整合知识观点的过程也是整理思维逻辑的过程，可以帮助学生更加清晰地了解知识观点之间的本质联系与逻辑关系，大大促进了学生主动的意义建构和知识建构。案例 4-14 即展示了学生从唐诗思维导图扩展到诗词思维导图。

案例 4-14　"演示文稿制作《诗词大会》"的思维导图

开设年级

四年级

教学过程

①各学习小组围绕本组最熟悉的唐诗，利用思维导图进行梳理（从作者、时间、风格各角度划分）。

②制作思维导图，如唐诗思维导图（如图 4-9 所示）。

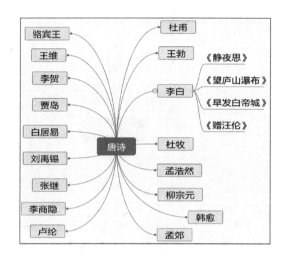

图 4-9　唐诗思维导图

③各学习小组汇总呈现，教师引导帮助，各小组通过对比、分析、思考，重新借助思维导图记录、延展思考的过程，达成新的知识建构，如诗文思维导图（如图 4-10 所示）。

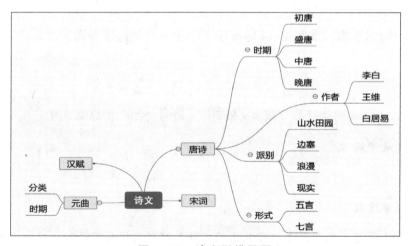

图 4-10　诗文思维导图

④各学习小组借助思维导图的梳理，确定本组的研究方向，并且开始制作相应研究方向的演示文稿作品。

具象化、可视化的思维导图可以激发学生的发散思维，调动学生更多的联想与创意，同时可以将个人或小组先前零散的智慧、资源等融会贯通成为一个系统。在信息技术课堂中，围绕综合任务的大主题，学生经常用搜索引擎输入关键词，获得大量相关信息，但是这些信息往往庞杂、不连续，并不是一个完整的系统，进而会影响学生们在大主题之下的个人研究小课题的确定。教学实践中借助思维导图，学生可以在快速浏览信息的基础上，通过绘制思维导图来形成对大量信息的梳理以及相关内容的理解和认知。在这个过程中，学生通过新旧知识经验间的反复的、双向的不断整合、碰撞、重组等互动过程而建构新的知识结构。案例 4-15 和案例 4-16 即展示了随着学生思考的深入，思维导图的进一步完善。

案例 4-15 "科技改变生活"的思维导图

开设年级

四年级

教学过程

①教师引导学生根据已有知识经验进行发言，借助思维导图记录（如图 4-11 所示）。

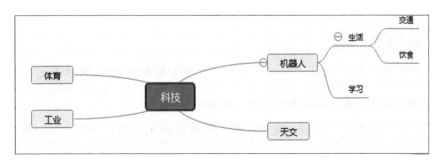

图 4-11 科技思维导图

②在查阅资料过程中，让学生借助思维导图记录，完善对获得信息的整理表述和个人的独立思考（如图 4-12 所示）。

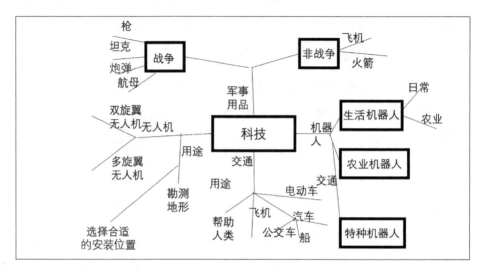

图 4-12 完善科技思维导图

③让学生借助思维导图的梳理呈现，顺利找到自己感兴趣的研究点，并以此为主题进行作品创作。

案例 4-16 "动物之友"的思维导图

开设年级

五年级

教学过程

①围绕研究大主题"动物之友"，学生小组起初建立思维导图（如图4-13 所示），发现并不能找到更好、更新的研究切入点。

②学生组成研究小组，借助思维导图进行研究计划、研究分工、调查方法等方面的梳理。

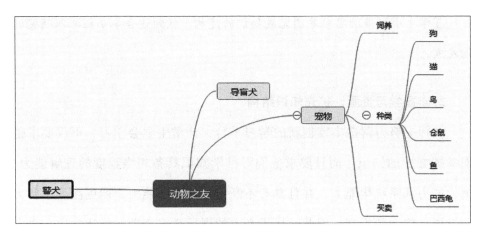

图 4-13 初建的思维导图

③各研究小组按照分工，利用书籍报刊、网上资源、调查问卷、专家访谈等形式获取信息。

④伴随思考的深入，借助思维导图进一步的梳理，再次呈现思维导图（如图 4-14 所示）。

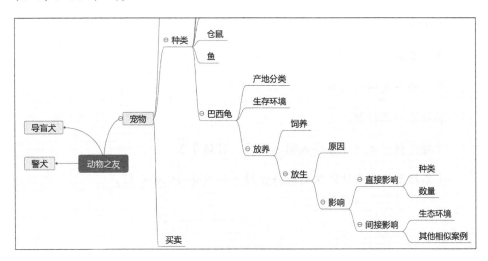

图 4-14 研究后的思维导图（局部）

⑤学生小组借助思维导图完成知识的建构，找到适合本小组深入研究的切入点。

2. 丰富学习资源，扩充知识结构

教师应努力营造丰富创新的学习平台，让学生学会学习，不仅要求他们掌握必要的知识，而且要求他们对已学知识具备相当程度的理解能力、消化能力和系统化能力，并且具有不断更新知识的能力，即更注重于智力的发展和能力的提高。因此，提供必要的课后学习资源，能让学生在激发了自主学习动力之后，学习有所依据，在课后还可以进行实践，按照正确的方式高效达成学习目标，主动完成知识建构。案例 4-17 和案例 4-18 即展示了教师提供的学习资源。

案例 4-17 "用文字处理软件设计版面 —— 设计海报"的学习资源

开设年级

六年级

学习资源

①生活中见到的海报。

②相关阅读材料。

③海报制作素材（文字说明、图片、装饰等）。

④各社团所需宣传海报的制作素材（如图 4-15 所示）。

图 4-15　设计海报相关的学习资料

案例 4-18　"贺卡设计制作"的学习资源

开设年级

四年级

学习资源

①图片素材。

②相关阅读材料。

③电子贺卡示例。

④可以采用的布局方式示例（如图 4-16 所示）。

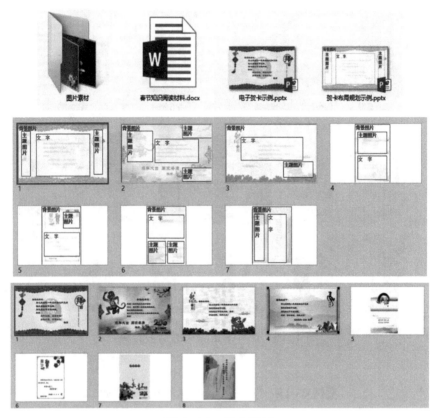

图 4-16　贺卡素材

在小学信息技术课程的设计与实施中，无论是学习资源、思维导图，还是问题链，所有的支持最终都是为学生的学习服务，为学生实现真正主动的知识建构提供支架保障。真正有效的教学活动应是以学生的认知结构作为起点，以学生自主建构良好的认知结构作为终点（同时也是下一阶段的起点），尽力为学生提供切实有效的支持，引领他们学会学习，主动积极地进行知识建构，从而真正地提升其学科核心素养，促进他们的发展成长。

··第三节　助力学生高阶思维的养成··

按照美国著名心理学家布鲁姆（B. Bloom）的教学目标分类（如图4-17所示），在教育教学实践中，需要在"记忆、理解、应用"低阶思维培养基础之上，坚持培养"分析、评价、创造"高阶思维，关注并促进学生思维的成长发展是教育教学的重要目标之一。

图 4-17　布鲁姆教学目标分类

基于项目学习的课程实践重点关注了教学方式的变革，目的在于提升学生学习品质，促进学生思维，特别是反思性思维的发展。学生小组在信息技术课程基于项目的学习活动中，能够主动应用项目学习的一般流程，并作出适当调整；能够主动思考"需求和核心问题是什么"；能够主动运用多学科知识，拓宽思维、不断创新。

在项目学习过程中，学生小组从组建团队、选定项目至制订计划、探究学习乃至分享交流、成果推广，在发现问题、解决问题的过程中，利用多种途径获取利用资源进行探究发现。学生小组从简单到复杂、从模糊到清晰、从浅层到深入，他们不断地主动将多学科知识运用于实践，主动彼此融合协作、相互交流，不断地推动思维的发展深入。

一、课程项目选题内容的择取 —— 高阶思维养成的基础

1.挑战性的项目

挑战性的项目都根植于一个真实问题。以真实问题为核心，基于学生的起点和需要，将学习内容的概念、应用以及新问题和新思考与先前知识联系起来，促进主动的、有意义的知识建构。

2.整合性的内容

项目学习涉及跨学科融合知识，因此在注重学科横向整合之外，也要注重能促进学生素养连贯发展的纵向整合，以帮助学生对核心概念理解的逐级深入和持续发展，为学生比较全面、系统而深入地理解核心概念，进而学习运用跨学科知识打下扎实的基础。

3.开放性的方式

以学生为中心，引导学生自主探究、协作学习，在学习活动中习得、发现、思考、创新；同时可以打破空间、时间界限，采用教室内外、线上线下等多种方式。

在教学实践中深入挖掘生活中存在的真实问题，围绕《好书推荐》《美丽校园》《身边的交通》《公交车遮挡信号灯》《生活中的道闸》《小小创客》《学校周边的停车问题》等一系列项目学习活动（如表4-3和图4-18所示），搭建了适合学生开展项目学习的跨学科项目内容，使教学从课堂延伸到课外，为学生思维的进阶、反思性思维的培养奠定良好基础。

表 4-3　小学信息技术课程项目实践设计

序号	基础课程项目单元	拓展课程项目单元	研究课程项目单元
1	霸道鱼	太空之旅	我的书包
2	米菲的梦想	城市规划	营养配餐
3	海底世界	小小创客	游戏利弊
4	绿色家园	一根木条的畅想	生活中的道闸
5	国画展览	未来交通	身边的交通
6	北京文化	智能温控房屋	公交车遮挡信号灯
7	美丽校园		学校周边的停车问题
8	好书推荐		共享单车的停放建议
9	毕业旅行计划书		

活动安排-好书共读

活动规划:

　第一周 确定推荐好书(梳理推荐内容、统筹计划安排)

　第二周 输入推荐内容(中文输入)

　第三周 补充推荐内容(网络浏览、复制粘贴、段落设置)

　第四周 编辑好书文档(软键盘、查找替换、字符设置)

　第五周 美化好书文档(插入艺术字、插入图片)

　第六周 打印好书文档,成果交流展示(页面设置、边框底纹、活动总体评价)

活动安排-宣传海报

活动规划:

　第一周 小组统筹安排、规划设计

　第二周 输入推荐内容(中文输入)

　第三周 获取筛选所需资料

　第四周 设计制作主题海报

　第五周 交流评价修改

　第六周 分享宣传

 《我们的小车——结构组建》

 《小车停下来——棘轮结构》

 《小车机器人——马达编程图标的使用》

　 《生活中的智能道闸》

　 《观察身边的交通》

　 《模拟身边的交通》

　 《解决身边的交通问题》

　 《分享方案发现》

创客作品——未来科技手表

五组作品

发言人:郝梓鹤

创造团队:郝梓鹤、姚天惠、杨沛然、梁懿文、杨沐昀、徐文浩

多维成像技术

图 4-18　课程项目选题内容择取示例

二、课程项目评价体系的建立 —— 高阶思维养成的保障

评价是项目学习中的重要环节。在对自己或他人的项目成果进行评价时，学生需要在深入反思的基础上，结合所学知识从不同角度、不同层面对项目进行评价；评价有利于学生发散思维，倾听不同观点，激发想象力和创造力。在项目学习中合理正确使用评价有利于继续生成高效的驱动问题，同时，让学生对学习成果进行反思总结，为提升学生的思维能力、养成反思性思维提供重要的保障支持。

在课程实践项目学习活动开始前，需要制定相关评价标准，用评价标准指导和监督学生个体和小组的学习，发挥评价先行的导向作用。其中项目学习中的成果作品评价，可以更多地结合课程目标和课程内容，引导学生制定或遵循一定的标准来进行；实践项目活动可以从成果制作、交流分享、团队合作、活动管理四个维度进行全面评价。此外，要注重项目学习活动中的过程性评价，重点关注团队合作、成果分享推广过程，为学生形成良好的反思性思维、成为理性的反思者提供有力支持。项目学习中还有一个重要的环节 —— 成果推广，实践中教师们引导鼓励学生借助多种呈现方式、线上线下多种途径来表达、交流、分享、推广、反思……

三、课程项目驱动问题的生成 —— 高阶思维养成的动力

基于项目开展的学习离不开驱动性问题的指引，只有由有效的驱动性问题指引，学生才能顺利地开展项目自主探究；驱动性问题驱动学生持续不断思考、探究，其具有的挑战性能够引发学生的高阶思考，促进学生高

阶思维的运用，在提升学生问题解决能力的同时，增加学生思维的广度和深度。

项目学习中的驱动性问题不是唯一的，而是可持续的，具有连续性。在教学实践中，我们通常会以逐级深入的问题链的形式来引导学生发现问题。问题链中的问题要有目标、有梯度，有引领、有思考的空间。由一个个问题连接组成的相对完整的问题链引领学生步步深入，将自己的隐性思维转化成显性思维，在不断寻求解决问题的过程中提升学生的思维品质和发现问题、解决问题的能力；充分调动了学生的积极性，大大促进学生形成良好的认知结构；在紧密联系的问题链引导下，伴随学生的认知逐步深入建构，就能极大促进学生新的发现和新的思考，进而大大促进学生新的驱动性问题的生成。

思维导图作为一种促进人们思维、创新、记忆以及知识建构的工具，可以有效地帮助学生掌握正确有效的学习方法，进行自主研究和深入思考，有效促进学生创新思维和发散思维的形成，促进学生积极将相关知识进行有效的建构。在教学实践中，教师作为帮助者和促进者，借助思维导图引导学生不断地从已有的知识经验中获得新的知识经验，将新旧知识进行整合建构，不断更新完善已有知识体系；同时促进学生发散思维和创新思维的发展，帮助学生从多角度、多方面思考、解决问题。项目学习中思维导图的引入，除了能够更好地帮助学生进行新旧知识间的建构之外，还能够清晰呈现学生思维层层深入的过程，能够促进其在自主学习和合作学习中对知识进行分析、检验、批判、建构，进而更好地促进其继续深入学习的驱动性问题的生成。图 4-19 即为课程项目驱动问题生成示例。

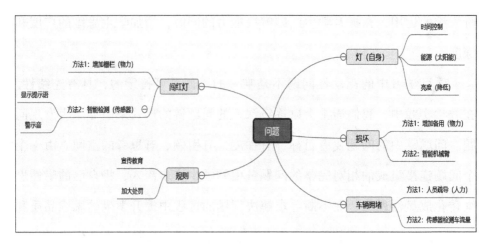

图 4-19　课程项目驱动问题生成示例

四、课程项目跨学科知识的融合 —— 高阶思维养成的拓展

在解决复杂的现实世界问题时，运用单一学科知识去解决是难以实现的，需要学生综合运用多个学科的知识，这就要求项目的驱动性问题设计要蕴含多学科知识，体现知识的复杂性，也要凸显实践活动的复杂性。在驱动问题的引导下，学生在活动探究过程中综合运用各个学科知识解决问题，灵活采用多种方式的实践活动，引发跨界学习行为，形成复杂性思维。

在"宠物影集"单元（如图 4-20 所示）中，在学生知道、学会、掌握学科知识技能基础上，教师应重点关注学生利用技术解决问题的情况，即做事的方法，重点培养学生的规划布局意识，以及利用恰当技术进行创意创新的自我表达，即对信息意识的提升培养。学习活动中利用纸笔、手绘图记录，以及画图、Word、思维导图软件工具助力学生规划设计；利用紧密联系的问题链逐步进行反思修正；借助明确的评价标准引导反馈改进，从而切实为学生高阶思维的养成提供实践空间，真正为促进学生思维的进阶发展、高阶思维的养成奠定坚实基础。

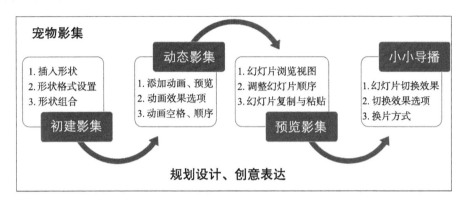

图 4-20 "宠物影集"示例

学生们处在飞速发展的信息社会，面向的未来也是一个瞬息万变的智能时代，利用网络生活学习、交流交往已经成为他们生活中不可分割的重要部分。作为教育者，我们希望孩子们能够适应现实社会的变化，能够借助网络、借助资源在现实和虚拟交融中更好地适应未来的社会生活，能够负责地参与社会生活。同时引导学生在真实问题的解决中，建立清晰的认识、保有清醒的头脑、进行正确的选择、提升安全责任意识。图 4-21 展示了"专题单元"示例。

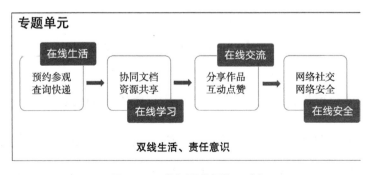

图 4-21 "专题单元"示例

项目学习中有时涉猎的知识可能是辐射状的、综合性的，没有严格的学科边界。所以在教学实践中，项目的跨学科知识融合需要教师在国家课程的知识框架下，找到各个学科知识之间的联结与整合点，将分散的学科知识按跨学科课程统整的逻辑体系结构化（如图4-22所示），注意选择跨学科核心知识，注重各学科知识间的关联性和可探究性，更好地促进学生高阶思维的发展养成。

图 4-22　项目学习跨学科知识融合示例

五、课程项目支架资源的提供 —— 高阶思维养成的生发

在项目学习环境中，有效利用支架资源支持学生开放性学习，从而促使学生的深度学习变得日益普遍。项目学习中的支架可以包含师生交流互动平

台、项目学习进度管理、问题驱动和评价工具、学习视频等。在项目支架资源的支持下，引导协助学生主动用高阶学习带动低阶学习，真正实现"有意义学习"和"社会化成长"。图 4-23 展示了项目学习的支架资源示例。

图 4-23　项目学习的支架资源示例

·· 第四节　教学设计案例详析 ··

一、"用文字处理软件设计版面 —— 设计海报"教学设计

1. 指导思想与理论依据

培养学生"从学会到会学"为本课主旨，围绕主旨，教师应创设教学

情境，激发学生兴趣，引导学生在新旧知识迁移、方法掌握与驾驭、自我反思调控的过程中，提升意识，培养素养。

"学会"与"会学"深刻地反映了两种不同的教育观和学习观。两者的区别在于："学会"只是被动地接受知识，而"会学"则要求学生去主动猎取。"学会"的着眼点往往只是获取现时的知识，而"会学"则是更多地瞄准未知的知识。

学生的"学会学习"，即指学生在教师或他人的指导下，在开放的环境中，充分发挥主体性，积极培养学习兴趣和学习意志力，自主、自觉地调控学习情绪、学习策略、学习方法及学习技术，使学习不再仅是储存知识、形成某种技能的过程，而更重视思维方法、学习策略和方法的探索，学习技术的掌握和学习能力的形成与提高，更加注重创造潜能的开发。

2. 教学背景

（1）教学内容

本课来自海淀区实验教材《小学信息技术》五年级上册第四单元第 14 课"设计海报"。

三年级、四年级及五年级教材前三单元画图、Word 软件的知识学习，四年级上册第四单元（制作贺卡、班牌）Word 软件有关规划、构思页面布局的内容，五年级上册第一、二单元（画图作品创作）涉及画图中构思页面布局的内容，为本课"在 Word 中设计制作海报"提供了必需的知识储备，同时本课的知识为六年级下册综合实践"活动四——我的电子报刊"的设计制作（确定主题、收集整理资料、规划设计、制作改进、展示交流）奠定基础。

（2）学生情况

本课的教学对象是北京大学附属小学五年级学生。

学生共同点：在前面的学习中，学生已经熟练地使用画图和 Word 软件，具有初步规划构思页面布局的设计意识。同时经调查得知：学生愿意动手操作计算机，愿意参与课外活动，对学校社团活动比较了解。

学生间差异：利用形象直观的学习材料进行抽象概括的能力存在差异，综合运用知识实现设计意图的能力存在差异。

（3）前期教学状况、问题及对策

学习了画图、Word 软件的知识，但是综合运用所学知识的能力有待提高。教师可以通过设计构图，交流讨论，引领学生激活知识经验，通过丰富素材、作品制作，落实知识储备。

小学五年级学生处于皮亚杰认知发展理论的具体运算阶段，还不能离开具体事物的表象，认知要以具体表象为支柱。教师可以从生活引入，利用大量直观的实例图片，增加学生形象理解，促进学生抽象思维与形象思维结合。

（4）教学方法及手段

结合本课教学内容和学生情况，在教学过程中充分发挥学生主体、教师主导的作用，于愉悦的教学情境、民主的教学氛围中实现本课教学设计主旨 —— 促进学生从"学会"到"会学"。

教法：演示法、谈话法、观察法、讨论法、示例法。

学法：自主探究、交流讨论、实践操作。

（5）技术准备

演示课件、素材资料、投影机、实物展台、多媒体广播教学网、自评表（问卷星等网络调查工具软件）。

（6）教学目标

通过观察生活中的海报，了解海报的作用和组成要素；

在制作海报的过程中，综合运用所学知识实现设计意图，体验作品版面设计的一般方法；

通过制作个性化的海报，增强审美意识和创新意识。

（7）教学重点、难点

重点：综合运用所学知识实现设计意图，体验作品版面设计的一般方法；

难点：综合运用所学知识实现设计意图。

3. 教学过程

本课的教学过程分为"展示海报，激趣引入""提炼要素，分析点拨""设计构图，激活旧知""探究制作，彰显个性""展示评价，交流欣赏""归纳总结，思辨提升"六个环节（见表4-4）。

表4-4 "用文字处理软件设计版面——设计海报"教学过程

教学阶段	教师活动	学生活动	设置意图	技术应用	时间安排
展示海报，激趣引入	展示课件：《生活中的海报》。 师：你认识它们吗？ 师：它们的名字叫作海报。 **板书：海报** 教师播放课件。 师：你认为海报有什么作用？	学生观看课件。 生（尝试回答）：海报、广告、宣传画等。 学生观看课件，观察思考，根据认识，回答问题。	引导学生观察思考，形成初步的感性知识。	黑板	4分钟

（续表）

教学阶段	教师活动	学生活动	设置意图	技术应用	时间安排
展示海报，激趣引入	教师根据学生所答，适当总结海报的作用：简明扼要地发布信息。 师：你认为学校里哪些地方可以使用到海报？ 教师根据学生回答，总结海报在学校中的使用。 教师出示资料（社团招生、会议通知、演出活动等）。 师：今天我们来制作海报。根据资料请你先选择你想制作的主题。 **板书：设计**	学生交流讨论，思考回答。 学生从兴趣出发，根据自己的能力水平，选择确定自己想要制作的海报主题。	使学生进一步认识生活中的宣传海报，形成更多感知，为后面的创作练习做好铺垫。 抓住学生的内在动机，获取学生对学习活动的注意力。	多媒体广播、投影	4分钟
提炼要素，分析点拨	师：一张海报由哪些要素组成呢？ 教师播放海报实例图片，引导学生交流讨论。 **板书：要素** 教师根据学生的回答，结合海报实际图片，指出海报的组成要素：文字、图片、色彩。 **板书：文字、图片、色彩** 提示： 文字：标题、注释、说明、时间、地点等； 图片：背景、内容、装饰； 色彩：文字与图片的搭配。	学生观察思考，交流讨论海报的组成要素。 学生观察生活中的海报，认识海报的组成要素。	利用直观材料，增加学生感知，促进形象思维与抽象思维的结合转化。 通过示例，引领学生向上攀升，引导学生整理总结，调动学生形象思维，为作品的进一步创作做铺垫。	多媒体广播、黑板	3分钟

（续表）

教学阶段	教师活动	学生活动	设置意图	技术应用	时间安排
设计构图，激活旧知	师：主题确定以后，我们可以根据主题，先进行海报构图的规划设计。 教师出示课件——从真实的海报到规划草图的概括提炼。（文字用矩形表示，图片用椭圆表示） 教师请学生在 A4 纸上画出自己想要设计海报的规划草图。 教师请不同学生在实物展台上展示自己设计绘制的草图。 师：你们设计的规划布局非常好，要想在 Word 软件中实现你的设计，应该怎么做？ 师：（利用横版、竖版的学生设计草图对照）我们以前学过了什么方法能设置版式？ 师：（利用学生设计草图）要想制作醒目、吸引人的标题，我们以前学过哪些方法来设置？其他文字怎样灵活排版？	学生观看课件，明确如何设计海报的规划草图。 学生根据自己设计海报的主题在纸上绘制出规划布局草图。 学生展示设计草图。 学生根据自己的设计图说明。 学生回忆知识，提出： 1. 版式——横版、竖版，页面设置，页边距调整……	增加学生感知，便于学生绘制规划布局草图，促进形象思维与抽象思维的结合转化。 培养学生对作品的规划布局设计意识。 学生发言讨论交流，激活学生原有知识经验，提升意识水平。	多媒体广播	10分钟

（续表）

教学阶段	教师活动	学生活动	设置意图	技术应用	时间安排
设计构图，激活旧知	师：（利用学生设计草图中背景图片、插图等引导学生回忆）用什么方法设置图片？ 师：作品中的色彩应该符合什么要求？ 教师适当总结学生的发言，归纳出一般方法，引导学生综合地、灵活地运用所学知识。（出示课件）	学生回忆知识，提出： 2.标题文字部分——可以插入艺术字、可以设置文字格式……； 其他文字——可以插入文本框、自选图形…… 学生回忆知识，提出： 3.图片——可以设置环绕方式、背景、叠放次序…… 学生根据以往经验，提出： 4.色彩——符合主题内容需要；颜色应搭配和谐、突出、醒目、吸引人等。 学生再次巩固所学知识，明确要灵活运用所学知识制作作品。		实物展台	10分钟

（续表）

教学阶段	教师活动	学生活动	设置意图	技术应用	时间安排
探究制作，彰显个性	教师提供： 1. 学校有关社团招生、会议通知、演出活动的照片、文字等的资料； 2. 公用素材图片； 3. 海报实例图片； 4. 阅读材料。 请学生利用提供素材，在 Word 软件中进行社团宣传海报的制作。	学生利用所学知识，结合自己的能力水平，设计制作社团宣传海报。 遇到新问题，通过探究、交流、查阅资料等方式解决。	提供丰富的学习资源，便于学生创作，使学生巩固知识、熟练技能、培养学科素养。 通过探究、制作、交流、查阅资料，不断更新知识。		15分钟
展示评价，交流欣赏	教师请学生相互交流作品。 教师请学生展示作品，并对作品自评和互评。 作品评价标准： 1. 使用的文字、图片主题突出； 2. 版面设计布局合理； 3. 海报内容要素齐全； 4. 色彩使用恰当、美观； 5. 作品具有个性特色。 请学生完成自评表。	学生交流欣赏作品，然后推荐自己和他人作品。 学生展示作品，依据作品评价标准进行作品欣赏评价，同时观察反思自己的作品。 学生根据自身情况完成自评表。	通过对作品的自评，在反思和自我调控的过程中体验从"学会"到"会学"。	多媒体广播、问卷星网络调查	5分钟

（续表）

教学阶段	教师活动	学生活动	设置意图	技术应用	时间安排
归纳总结，思辨提升	教师请学生谈一谈本课收获。 师（归纳总结）：我们经过确定主题—资料收集—构思布局—设计制作，运用所学知识制作了海报。我们还可以运用这个方法制作身边生活中的其他宣传作品。（播放封面、报刊、贺卡、请柬等实例图片。） 师（再次引导学生）："学有所用，为我服务"是学会学习的重要标志。 师：下课。	学生发言总结收获或变化。 学生思辨，提升意识。 学生保存、提交本课作业。	回顾总结，引领指导，培养提升学生意识水平。	多媒体广播	3分钟

4. 教学评价

在信息技术评价过程中的学生评价观，提倡评价目标、评价方法、评价主体的多样化，遵循以学生自我评价为主、以教师评价为主导的原则，更好地提高学生的综合素质和教师的教学水平，使评价的过程成为促进教学发展与提高的过程。

课堂中的自评让学生评价自身学习情况、激励自己，同时教师也能据此在一定程度上检验自己是否实现本课教学目标。学生互评有助于激发学生的学习兴趣，具有客观性和公正性。教师及时评价有助于鼓励学生获得成功的喜悦，特别是能帮助学习有困难的学生，有助于形成激励—提高—再激励—再提高的良性课堂评价循环过程。

课后作业评价是教师检验教学效果的参考，根据学习情况及时调整教学，并及时反馈给学生，帮助学生针对自身学习情况进行阶段性总结。

评价要围绕教学目标中相互联系、渗透的三个维度展开，构建一个三维的立体评价体系，而不是一维的简单量化。作业评价记录表中所显现出来的更多地是关于知识技能方面可以量化的具体指标，而关于过程方法、情感态度价值观方面的评价，则需要教师主要运用观察、调查、访谈、评语等形式来进行，并密切关注学生的动态积累过程。

图 4-24 展示了学生用自评表（局部），让学生结合自己本节课的学习和表现选择评价。

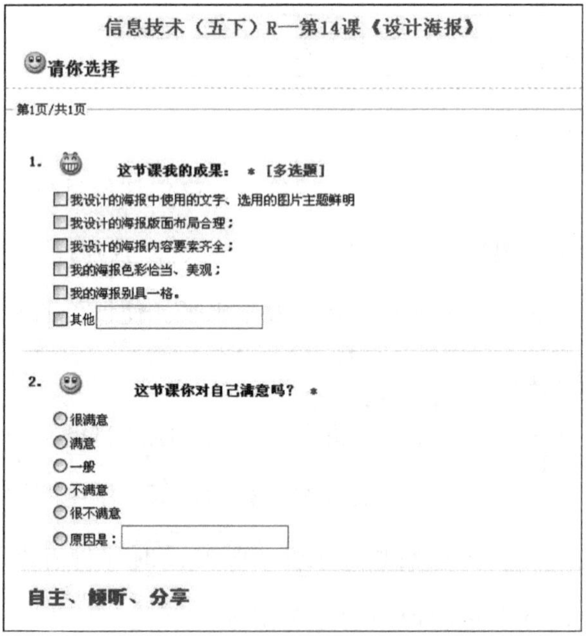
信息技术（五下）R—第14课《设计海报》

请你选择

第1页/共1页

1. 这节课我的成果： * [多选题]

- □我设计的海报中使用的文字、选用的图片主题鲜明
- □我设计的海报版面布局合理；
- □我设计的海报内容要素齐全；
- □我的海报色彩恰当、美观；
- □我的海报别具一格。
- □其他

2. 这节课你对自己满意吗？ *

- ○很满意
- ○满意
- ○一般
- ○不满意
- ○很不满意
- ○原因是：

自主、倾听、分享

图 4-24　学生用自评表（局部）

表4-5为教师用课后作品评价表。评价的等级从高到低依次为："很好""一般""再努力""问题已解决"。

表 4-5　教师用课后作品评价表

学号	姓名	图文突出主题	版面布局合理	内容要素齐全	色彩协调美观	具有个性特色
1						
2						
3						
4						
5						
……						

5. 教学特色

从学生学习需要出发，激发学生兴趣，为学生创设主动建构所需的学习环境和条件，让学生在海报设计制作过程中"乐学""会学"。

从学生自己设计草图到师生共同提炼制作方法，激活了学生的知识储备，为学生创作海报搭建阶梯，亲历从设计创意到实现制作的过程，体验了从"学会"到"会学"。

将教学评价作为一个三维的立体评价体系，明确量化对"知识与技能"的评价，关注"过程与方法""情感、态度与价值观"等方面从量变到质变的过程。

本课以"为促进学生从学会到会学"为主旨贯穿，借助教师提供的大量有效的学法指导、分层任务，关注全面评价，使学生在亲历过程、获得知识的同时，也在方法与意识方面有所发展、提高。这样，学生会在教师不断的指导和引领下，逐步为自己构筑一双"隐形的翅膀"，为日后的发展起飞充实羽翼，真正地实现从"学会"到"会学"。

二、"美丽校园"单元教学设计

1. 教学设计说明

本单元授课对象是五年级学生，在四年级时他们已经熟练掌握了在幻灯片中插入图片、文字、文本框等工具的使用，能够制作出简单的、图文并茂的，并带有动画效果的演示文稿作品。因此在知识技能方面熟练基本操作的同时，需要在多媒体工具使用和知识应用方面有新的提升；虽然在四年级时他们已经体验过完整的演示文稿作品制作过程，但还需要在设计规划作品的过程中做进一步梳理，更加明确制作的步骤和方法。由于现在的学生身处网络时代，能够感受技术发展给生活带来的变化，因此需要提升他们"技术服务于人"的意识。

所以本单元选择与学生生活密切相关的"美丽校园"作为切入点，激发学生的创作热情，主动收集获取、整理加工身边与主题相关的多种信息素材；在规划设计、制作作品的过程中，基于作品内容多样化呈现的需要，利用身边常见移动设备，完成所需视频的拍摄，顺利解决遇到的问题。此外，使学生完成从制作者向使用者的转变，以使用者的角度审视作品，借助所学技术丰富作品功能选择，提供更便捷服务。在整个单元教学过程中，学生从规划设计制作多媒体作品，善于利用多种信息素材，到主动应用技术解决实际问题，进而灵活运用技术服务于自己和他人，真正提升了学科核心素养，渗透了未来社会公民成长需要的意识。

本单元的课程设计围绕着信息技术学科核心素养来进行，通过制作演示文稿作品、拍摄视频素材以此丰富作品内容，到作品为使用者提供服务，共涉及三个方面的学科核心素养，即信息意识、数字化学习与创新、信息社会责任意识。

信息意识（如图4-25所示）是指学生能够根据主题内容需求，在制作作品之前，要有自觉、主动寻求、获取与处理信息的意识，制作完成后，要有从作品整体美观性方面进一步修改作品的意识，作品美化完成后，根据操作需求，进一步制作交互式演示文稿作品的意识。

图4-25　信息意识

数字化学习与创新（如图4-26所示），即让学生体验运用数字化工具分享知识经验的方法，利用学习管理工具开展合作学习，体验运用数字化工具管理学习过程，适应数字化学习环境，并有效利用数字化技术工具系统解决问题，根据使用者的需求，制作交互式多媒体演示文稿。

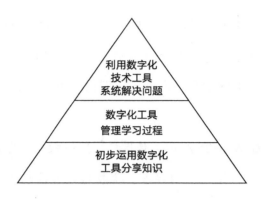

图 4-26　数字化学习与创新

信息社会责任（如图 4-27 所示），即引导学生在演示文稿作品制作时，既要对作品内容负责，又要为观看者的审美负责，还要为操作者负责，形成"技术服务于人"的意识，提升信息社会责任。

图 4-27　信息社会责任

2. 学习目标

知识与技能：能够获取、收集、整理、加工图片、文字、视频等相关资料；掌握超链接的应用；能够制作符合需要的交互式多媒体主题作品。

过程与方法：在规划设计、制作完善主题作品的过程中，能够使用数字化工具创造性地解决问题，基于作品的使用需求，灵活运用所学知识体验多媒体作品制作的一般流程和方法。

情感、态度与价值观：在获取、收集、整理、加工相关资料并进行主题作品制作的过程中，感受技术发展给作品制作带来的便利，形成"技术服务于人"的意识，提升信息技术学科核心素养。

3. 重点和难点

重点：获取、收集、整理、加工图片、文字、视频等相关资料；掌握超链接的应用。

难点：能够根据需求制作演示文稿作品。

4. 整体教学思路

单元整体教学思路，如图 4-28 所示。

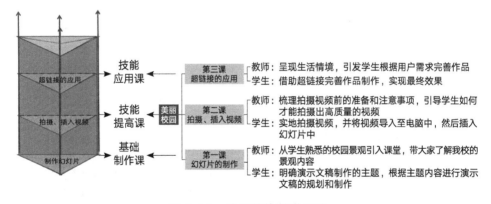

图 4-28　单元整体教学思路

5. 教学过程示例

表 4-6 为本单元第一课时"美丽校园 —— 制作幻灯片"的教学过程示例。

表 4-6 "美丽校园 —— 制作幻灯片"教学过程

教学阶段	教师活动	学生活动	设置意图	技术应用	时间安排
创设情境，导入新课	师：同学们，我们生活的校园青灰古朴，古树茂盛，而且园内有很多漂亮的景观，我们学校很多景观被列入校园文化中，你们知道都是哪些吗？ 师：让我们一起欣赏一下我们学校的美丽景观，你知道哪些与它们有关的故事？（同时播放幻灯片） 师：今天我们就借助演示文稿，以"美丽校园"为主题，制作幻灯片，向更多的人介绍我们的学校，并深入地了解景观内容。 板书：美丽校园 —— 制作幻灯片	学生回答： 生：朝霞石、王家花园、红廊、五色沃土…… 欣赏校园景观并简单叙述对景观的了解。 生1：王家花园与王世襄先生有关…… 生2：励志箴言与冰心奶奶有关…… 学生明确本课任务。	借助学生身边熟悉的校园景观入课，激发学生兴趣，抓住学生的内在动机，获取学生对学习活动的注意力。	屏幕投影	5分钟
整体规划，理清思路	师：同学们，想一想，我们已经确定了幻灯片的主题。 板书：确定主题 师：接下来我们该做什么了？ 师：收集资料是为幻灯片的内容做好准备。 板书：内容 师：除了准备好相应的图片、文字资料，我们还需要对幻灯片进行布局规划。 板书：规划设计（图片、文字） 师：都需要规划什么呢？ 师：根据学生的回答概括并补充板书。 板书：位置、色彩 师：色彩还会涉及幻灯片的背景。 板书： 规划设计：{ 内容 位置 色彩（背景）}（图片、文字）	生：收集有关景观的图片和文字的资料。 学生根据已有经验，交流讨论布局规划的具体内容。 生：景观的具体图片、文字的描述概括、图片和文字的布局、字体样式、背景颜色等。	1.此环节首先解决学生在进行作品制作之前经常忽略的布局规划这一环节，然后针对学生在规划过程中出现布局模糊的问题，通过教师的引导以及范例的支持，可以帮助解决学生问题，明晰演示文稿作品整体规划的方向。	屏幕投影	8分钟

（续表）

教学阶段	教师活动	学生活动	设置意图	技术应用	时间安排
整体规划，理清思路	师：其实规划设计就像我们画画一样，画之前也要进行思考，哪个地方画什么，具体位置画什么，幻灯片制作也同样如此。 （同时展示幻灯片） **景观1** 文字　图片 **景观2** 图片　文字 **景观3** 图片　文字 师：同学们先在纸上对自己要制作的校园景观的幻灯片进行规划设计，每张纸代表一页幻灯片。 给出任务一： **任务一**：选择至少4个景观内容，参考范例中的布局规划样式，先在纸上对幻灯片内容进行布局规划。 师：挑取部分学生的规划设计进行展示，学生做简要说明。 1. 不同标题名称的展示； 2. 图片和文字不同风格的布局样式展示。 ……	学生观看幻灯片的框架设计图。 学生在纸上开始规划幻灯片。 1. 标题是什么？ 2. 想要介绍的具体景观是什么？ 3. 每个景观的图文搭配位置是怎样？ ……	2. 展示学生的规划设计，可以帮助学生打开思路，拓宽思维，为更好地制作作品进行铺垫，培养学生养成做事之前先规划的习惯，渗透演示文稿作品整体规划的理念。	屏幕投影	8分钟

（续表）

教学阶段	教师活动	学生活动	设置意图	技术应用	时间安排
收集资料，作品制作	师：布局规划完成后，我们就要进行作品制作，先来明确具体要求。 **板书：制作作品** 给出任务二： **任务二：** ◆ 素材：桌面"校园景观"（图片和文字） ◆ 根据规划设计，选择至少4个景观内容，制作幻灯片 教师提供资源： 1. 校园景观的图片素材； 2. 校园景观的文字资料。 教师在学生制作作品的过程中，及时询问。 师：你需要帮助吗？ （便于及时引导解决学生的问题）	学生综合运用所学知识进行校园景观演示文稿作品的制作。	依据规划设计图以及教师提供的校园景观的文字和图片内容，帮助学生丰富与主题相关的知识，便于学生在多样资源中更迅速、更准确地筛选确定自己所需，综合所学知识更好地进行作品制作。	屏幕投影	17分钟
展示分析，归纳标准	教师展示部分学生的PPT作品（局部也可以）。 师：先说一说这页的幻灯片是按照之前的布局规划来做的吗？ 师：你觉得之前的布局规划有什么作用？ 师：为什么做了修改？原因是什么？虽然做了修改，你觉得之前的布局有没有作用？	生1：按照规划来制作的。 生1：按照之前规划，制作的时候比较明确，思路清楚。 生2：对之前的规划做了修改。 生2：虽然做了修改，但是大体思路不会变动，多数的修改是修饰的效果。 ……	关注学生综合运用所学知识的能力，从直观感觉到意识提升，学生经历了归纳评价内容的过程，从而帮助学生学会对作品进行正确评价。	屏幕投影	6分钟

（续表）

教学阶段	教师活动	学生活动	设置意图	技术应用	时间安排
展示分析，归纳标准	师：（询问其他同学）你认为作品中哪些地方比较吸引你？ 教师请学生们思考、分析、讨论、总结。 师：什么样的作品才算是好的？ 教师总结归纳学生发言： **板书：搭配合理** 　　　**色彩协调** 　　　**动画合理** 　　　**主题突出** …… 师：这些可以作为我们评价作品的标准，也可以是制作作品时的方向。 **板书：评价** 师：要想制作出更加漂亮的作品，需要从布局、色彩、内容等多角度考虑，这些因素同样也是评价别人作品的标准。	生： 1. 依据个人喜欢的景观回答； 2. 从布局规划方面回答； 3. 从色彩搭配方面回答； 4. 从景观内容介绍丰富方面回答。 …… 学生归纳总结。		屏幕投影	6分钟
总结评价，引导提升	教师总结。 师：今天我们利用演示文稿所学知识制作了"美丽校园"PPT，希望同学们在进行多媒体作品制作时首先要规划和设计，然后再动手制作，同样希望同学们能够对我们学校的校园景观有更深入的了解，并热爱我们的学校。 师：你们今天有哪些收获？可以从作品的规划设计、作品制作、解决问题等多个角度进行总结。 师：希望大家能够综合运用我们所学的知识，制作出更加漂亮的作品。	学生认真听讲。 学生谈收获。	通过收集整理、制作校园景观的作品，体会设计制作演示文稿作品的一般方法，渗透规划设计理念，体验运用数字化工具分享知识经验的方法，增强学生对学校的热爱之情，提升信息意识。	屏幕投影	4分钟

129

"美丽校园——制作幻灯片"板书设计，如图4-29所示。

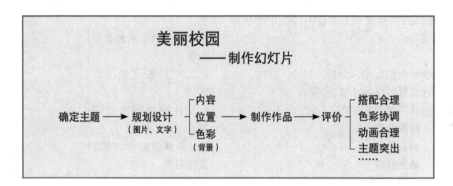

图4-29 "美丽校园——制作幻灯片"板书设计

课后作业安排：

①校园共有12处景观，课上只要求完成至少4处景观的内容介绍，学生可以根据自己的兴趣补充其他景观的图片、文字资料。

②校园景观作业完成之后可以上传至班级文件内，教师依据学生课上总结的评价标准，开设专项讨论区，学生课后在此讨论区进行生生间互评并留言，从而激发兴趣，增强自信，提升信息意识。

教学评价如下：

①教学过程中展示学生作品，引发学生思考、分析、讨论："什么样的作品是好的？"教师由此引导学生即时转化成评价标准。在归纳评价标准的过程中，帮助学生对作品进行正确的评价，利于今后学生学会评价。

②课后借助问卷星发布学生评价表，引导学生回顾评价的标准，依据标准对作品进行评价，激发兴趣，增强自信，提升素养；同时也可以为教师检验教学效果提供重要参考（如图4-30所示）。

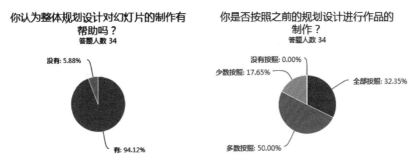

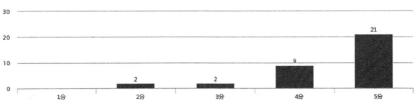

图 4-30 学生评价结果示例

教学反思如下:

学生在进行多媒体作品制作时,经常是边想边做,所以经常出现收集选择的资料不够突出、所选资料是否准确等问题,因此本节课引导学生重视在作品制作之前进行整体规划设计,并为学生准备白色卡纸作为辅助手段,让学生先在卡纸上进行作品的规划设计,明确自己想要什么、应该怎么去做之后,再动手制作,这样有助于学生在资料的收集选择上更紧密围绕主题,避免盲目,也有助于作品设计理念的渗透。

整节课从规划设计、作品制作到总结评价,学生操作的时间比较紧张,因此需要教师为学生提供更多的时间和空间进行制作修改,同时学生评价作品时,能够生成相应的评价标准:搭配是否合理、色彩是否协调、动画是否合理等。但是否合理应该如何界定?怎样搭配就是好的?动画设置怎样就是合理的呢？教师没有给予更多的范例或指导。所以造成学生制作作品时，过于追求技术带来的感官效果（比如幻灯片切换时的动态效果），容易忽略幻灯片内关于景观的具体内容介绍。因此，后续可以在何为"合理"这方面给予更多的范例引导。

三、"小板报大世界 —— 查找资料，初步探究"项目教学设计

1. 教学设计说明

信息技术学科核心素养包括信息意识、计算思维、数字化学习与创新、信息社会责任。具体可以包含信息收集获取、加工处理、分享交流；熟悉相关的过程方法，建立思维模式；能够利用数字化工具资源进行应用创新，服务自主学习和协作学习；同时具有良好的社会适应性，运用技术服务于人、服务于社会。希望学生通过信息技术基础课程的学习，能够主动建构知识，形成良好的学习方法，并进行多样的选择，实现准确充分的表达个体，承担服务社会的责任。

在此课程之前，学生们已经可以通过自主探究和小组合作等方式，上网浏览、查找、保存资料，能够运用技术制作作品来表达自己，特别是在利用 Word 软件制作图文并茂的电子文档方面，学生能够在文档中进行字符和段落格式设置、复制粘贴文字、插入图片和艺术字等操作，能够设置页面边框颜色、分栏纸张大小等编辑修改美化；同时通过综合运用所学知识创作个人 Word、PPT、画图主题作品，学生们能够进行信息的收集获取、加工处理、分享交流；了解和体验作品制作的一般过程与方法；具有认识美、发现美的能力，具有技术服务自己生活以及合理应用技术的意识。

根据学生学习能力水平和需要，"小板报大世界"的课时安排如图 4-31 所示。

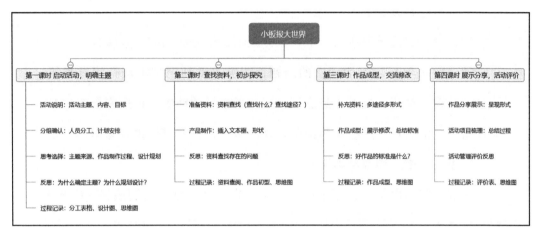

图 4-31 "小板报大世界"的课时安排

通过本课程安排，学生在课后达成如图 4-32 所示的转变。

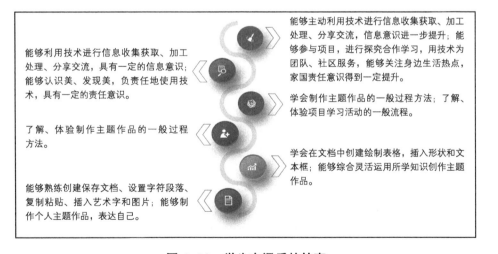

图 4-32 学生在课后的转变

2. 学习目标

通过板报作品制作，明确板报组成要素，学会在文档中创建绘制表格，插入形状和文本框；能够综合运用所学知识创作主题作品；学会制作主题作品的一般过程方法。

通过参与项目学习活动，了解、体验项目学习活动的一般流程。

通过解决项目学习活动中的问题，能够主动利用技术进行信息收集、记录、呈现、交流，提升信息意识；在项目学习活动中进行探究合作学习，关注身边生活热点，用技术为团队、社区服务，提升家国责任意识。

3. 重点、难点和教学思路

重点：明确电子板报组成要素；学会在文档中创建绘制表格，插入形状和文本框；能够综合运用所学知识创作主题作品；学会制作主题作品的一般过程方法。

难点：综合运用所学知识创作主题作品。

整体教学思路如图 4-33 所示。

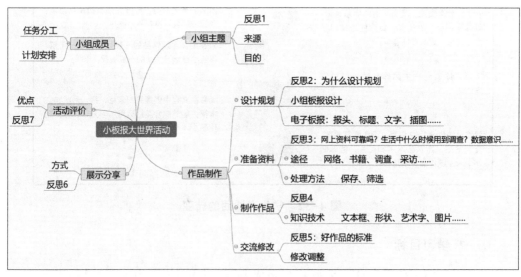

图 4-33 "小板报大世界"教学思路

本单元基于项目开展学习活动，共分为四课时，课时安排和活动环节如图 4-34 所示。

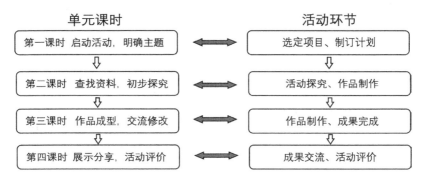

图 4-34　课时安排

4. 教学过程

本单元第二课时"查找资料，初步探究"的教学过程见表 4-7。

表 4-7　"查找资料，初步探究"的教学过程

教学阶段	教师活动	学生活动	设置意图	技术应用	时间安排
准备资料	师：通过上节课的活动，各小组已经确定了小组板报的主题，并且围绕主题了解相关知识。这节课我们将围绕主题进行资料的收集。 教师提醒各小组注意：利用上节课的思维导图继续进行记录，记录认识发现思考。 问题 1：同学们主要利用哪些途径获得所需要的资料？ 问题 2：为什么利用网络查找资料？ 问题 3：网络上的资料是否全都可靠？ 问题 4：网络上哪些资料是真实可靠的？	学生小组听讲。 生：网络、书籍。 生：速度快、信息量大…… 生：网络上有假信息。 生：官方网站。		屏幕投影、思维导图	8分钟

（续表）

教学阶段	教师活动	学生活动	设置意图	技术应用	时间安排
准备资料	师：期刊网等文献、专业网站的资料是比较可靠的。 问题5：为什么利用书籍查找资料？ 师：书籍等正式出版物、国家标准或文件中的资料是比较可靠的。 问题6：还有哪些途径可以收集获取资料？ 师：咨询相关专家学者、进行调查研究。 教师总结获得可靠资料的途径。 师：官方网站、期刊文献等专业网站、书籍等正式出版物，国家标准或文件、专家学者、实地调查研究等。 师：今天的课上请同学们借助网络收集资料并下载保存。 教师巡视指导。 问题7：利用网络进行资料查找时你们遇到了哪些需要帮助解决的问题？ 教师将学生问题归类汇总，然后请不同的小组学生思考回答。 教师帮助学生归纳汇总，补充总结所遇到问题的解决方法： 1.关键词恰当正确查找； 2.运用关键词组合查找； 3.利用分类搜索查找。 ……	生：有些资料网上没有，书籍更可靠真实。 生：问爸爸妈妈。 学生小组利用思维导图补充记录。 学生小组围绕板报主题查找浏览、下载保存资料。 学生小组提出遇到的问题。 生：关键词查不到、查到各种资料太多、不知如何更准确更快速地找到所需资料…… 学生小组思考并提出想法。 学生小组利用思维导图补充记录。 学生小组继续围绕板报主题查找浏览、下载保存资料。	借助思维导图激活学生思维，于探究学习活动中习得查找资料相关教学重点，促进思维的发展深入；利用联结的问题链激发学生思考，在发现问题、解决问题的过程中突破教学难点；通过查找准确可靠的资料，提升信息意识；为学会作品制作的一般过程方法奠定基础。		

（续表）

教学阶段	教师活动	学生活动	设置意图	技术应用	时间安排
探究制作	师：同学们的资料准备好之后，我们可以开始板报作品的初步制作。 教师巡视指导。 问题8：同学们有哪些需要帮助解决的问题？ 教师将学生问题归类汇总，然后请不同的小组学生思考回答。 教师帮助学生归纳汇总回答，补充总结所遇到问题的解决方法： 1. 利用文本框实现文字的灵活移动； 2. 插入形状为文档添加插图。 教师请学生当小老师为同学们解决问题，及时总结归纳。 教师提醒学生各小组利用思维导图记录小组思考、发现。 教师巡视指导。	学生各小组依据小组规划，分工合作进行电子板报制作。 生：文字能不能移动？如何在文档中添加小插图？…… 学生演示方法。 学生进而提出新问题。 生：文本框的轮廓是否可以去掉？形状的颜色可以改变吗？…… 学生小组利用思维导图补充记录。 学生小组继续板报作品的制作。	让学生通过解决作品制作中遇到的问题，顺利习得知识重点；通过共同制作主题作品，运用技术解决问题，提升主动应用技术的意识，提升为他人、为社会服务的责任意识；继续借助思维导图，促进思维的发展深入。	屏幕投影、思维导图	16分钟
呈现记录	1. 作品呈现 教师引领学生从规划布局、主题明确、知识运用三个方面重点关注，呈现展示初步作品。 2. 资料呈现 教师请学生小组呈现展示小组收集的资料，再次引导学生注重资料的可靠性，同时注重资料的多样性。	学生小组呈现本组板报作品初型； 学生从规划布局、主题明确、知识运用三个方面对各小组作品进行评价。		屏幕投影、思维导图	8分钟

（续表）

教学阶段	教师活动	学生活动	设置意图	技术应用	时间安排
呈现记录	3. 思维呈现 教师引领学生关注各小组思维导图中的结构内容，重点关注思维导图在第一课时和第二课时的前后变化以及思维导图中呈现的问题、思考、发现等。 问题9：思维导图有什么作用？ 问题10：思维导图能帮助我们干些什么？ 教师总结归纳学生发言，借助学习活动中思维导图前后变化以及思维导图呈现的内容对思维导图作用进行总结。 1. 可以呈现内容之间的联系，有助记忆联结； 2. 可以呈现思维的过程，激发思维的扩散，引领思维的深入； 3. 利于方便高效的学习，发现问题、解决问题，引导学生善于利用思维导图进行学习，学会高效学习的方法。	学生小组呈现展示本组资料； 学生对资料可靠来源、资料多样选取具有意识。 学生小组呈现本组思维导图。 学生思考回答； 学生举例说明。 学生听讲。	通过学习活动中多样的记录呈现，促进学生既关注结果，也关注过程，为进行多维度评价奠定基础；再次借助过程中思维导图的呈现，引领学生学会学习，提升学科核心素养。		
阶段评价	教师请学生小组结合团队参与活动的情况，完成阶段活动评价。 教师给出简单反馈，给出后续活动建议。	学生小组进行简单评价。 学生听讲接受反馈，记录建议。	借助阶段活动评价，让学生能够正确进行活动评价、学会反思，进而调整修正，为后续学习活动的深入开展以及最后活动评价打下良好基础。	屏幕投影	4分钟

（续表）

教学阶段	教师活动	学生活动	设置意图	技术应用	时间安排
总结引出	教师请学生小组结合思维导图思考下一阶段的活动环节和可能出现的问题，以及需要解决的疑惑等，为下一阶段的活动做铺垫。	学生小组思考，利用思维导图记录。	借助思维导图呈现，引领学生学会作品制作的一般方法，明确项目学习活动的流程，为后续活动做铺垫。	屏幕投影、思维导图	4分钟

本课的板书设计，如图 4-35 所示。

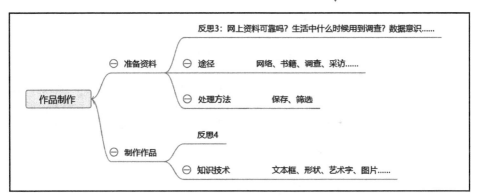

图 4-35　"小板报大世界"板书设计

作业与拓展学习设计：

①持续电子板报制作。延续本节课（亦是整体活动）的板报制作，目的在于让学生于制作中发现新问题，以满足学生知识技能学习需要；让学生在探究中发现新问题，推动项目深入开展。

②借助思维导图反思。借助过程性记录，很好地建立内容之间的联系，同时反思小组项目活动中的优点和不足，以帮助推动后续项目活动的顺利进行。

本课时是单元项目学习活动的第二课时，学习评价关注以下两点。

①过程记录：查阅资料呈现、思维发展呈现、作品初型。过程性的记录资料能够如实展现学生在活动中知识获得、技术应用、思维发展等方面的情况，能够较好地促进不同水平学生的能力发展。

②活动管理：针对团队在学习活动中的情况进行评价（纸质或网络）。利用学习评价表（见表4-8），围绕此次活动环节进行评价，目的是引导学生从成果制作、交流分享、团队合作、活动管理四个方面关注反思活动并加以调整修正，以便后续活动更好地进行，为最后活动评价环节打下基础。

表4-8　学习评价表

	A. 板报主题突出明确，关注身边生活；能够熟练运用所学知识完成板报初型制作	B. 板报主题比较明确，能关注身边生活；能够运用所学知识完成板报初型制作	C. 板报主题不够明确，未能从身边生活出发，能够基本完成板报初型制作
成果制作			

（续表）

	A	B	C
交流分享	A. 语言表达流畅；分享交流形式有创意吸引人	B. 语言表达比较流畅；分享交流形式比较吸引人	C. 语言表达不够流畅；分享交流形式单一
团队合作	A. 小组氛围融洽，愿意共同为目标努力，互相帮助鼓励；全体成员都能积极参与到活动中	B. 小组氛围比较融洽，能够为目标努力，偶尔出现争吵埋怨的情况；大部分成员能参与到活动中	C. 小组氛围不融洽，经常出现争吵埋怨的情况；只有少数成员参与到活动中
活动管理	A. 目标明确，计划安排合理，利用小组成员不同特点分配不同任务，顺利完成活动	B. 目标比较明确，计划安排比较合理，完成活动	C. 目标模糊，计划安排不太合理，未顺利完成活动

　　本节课借助应用思维导图记录学生参与活动的过程，帮助学生很好地建立内容之间的联系，促进了学生的发散思维和创新思维；并且在项目活动中促使学生进行知识融合，顺利有效地实施跨单元、跨学科的融合学习，较好地达成了本课的教学目标。但是，学生在课堂时间中动手制作的时间不够充分，同时在资料的选取方面存在一些问题（筛选不够，资料量过大，文字资料未清除格式），在后续实践中应给予学生更多的制作时间和空间，在资料的筛选方面增加引导。

第五章
教学评价篇
——基于评价内容的变化

··第一节　教学评价浅谈··

教学评价是依据教学目标对教学过程及结果进行价值判断并为教学决策服务的活动，是对教学活动现实的或潜在的价值做出判断的过程。学生的发展过程是一个连续不断的变化过程，要改变课程评价过分强调甄别和选拔的功能，发挥评价促进学生发展、教师提高和改进教学实践的功能。评价与教学不仅紧密地结合在一起，而且是一个不断发展的过程。评价具有鉴定结果、选拔人才、激发动力、确定方向、诊断问题、改进方案、反馈信息、调节过程的功能（如图 5-1 所示）。

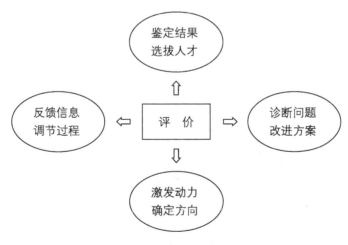

图 5-1　教学评价的功能

在信息技术课程评价过程中应该树立正确的评价观，提倡多元化的评价目标、方法和主体，坚持以自我评价为主、教师评价为指导的原则，使评价成为促进教学发展与提高的过程。

评价过程中的评价对象有很多，比如可以对制作出的作品、对所学的知识和技能等进行评价，也可以面向活动中的时间计划、活动管理等进行评价；可以对学习活动中体现出的学习专注度、运用的学习方法等进行评价，还可以对同学们之间的团队合作、分工安排等进行评价（见表5-1）。

表5-1　各种项目学习评价表

评价项目	选项		
我了解了 Word 软件是什么以及它的作用	是	基本是	不清楚
我认识了 Word 软件窗口界面的各部分名称	是	基本是	没掌握
我能够打开 Word 文字处理软件	是	没掌握	
我在 Word 软件中完成了英文日记	是	基本是	没完成
我及时保存了英文日记的文档	是	没保存	
三年级学习的记事本和画图软件对今天 Word 的学习是否有帮助	是	基本是	没帮助

内容	要求	星级
贺卡主题	作品主题明确突出	☆☆☆☆☆
贺卡内容	贺卡的内容元素完整，契合主题需要	☆☆☆☆☆
设计规划	合理对贺卡包含的内容元素进行规划布局，有创意特色	☆☆☆☆☆
色调风格	符合贺卡作品的主题要求，与贺卡作品蕴含的文化一致	☆☆☆☆☆

内容	要求	星级
设计构思	构思具有原创性，能表达班级文化特点	☆☆☆☆☆
设计流程	整体设计有步骤，思维发展过程清楚	☆☆☆☆☆
设计制作	主题形象、结构布局、技术技巧的安排及配合	☆☆☆☆☆
学习态度	认真完成学习任务单，学习态度认真，积极努力	☆☆☆☆☆

针对学习过程和学习结果进行评价，具体可以从计划方案、人员分工、数据记录、调查访谈、资源利用、感想体会、最终作品、活动反思等方面进行自我评价、组间互评和教师评价。主要是学生自我评价，充分交流自己的成败、教训、反思；重视过程评价，重点关注学生参与态度、解决问题能力和创造性；关注学生学习的过程和方法，关注交流与合作等；鼓励学生小组之间相互充分发表意见和评论，利于学生吸收他人的有益经验，从而加深对问题的认识。

评价中的结果性评价关注更多的是鉴定、选拔、甄别的功能（如图 5-2 所示）。

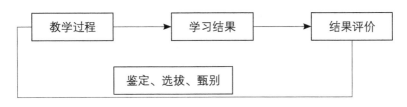

图 5-2　结果性评价

而过程性评价重视的是形成、服务的功能，即通过过程性评价来实现调节、改进、服务的功能，来促进学生更好的发展（如图 5-3 所示）。

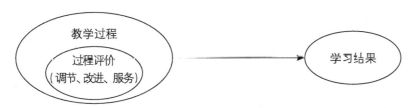

图 5-3　过程性评价

我们应该认识到，过程性评价的要义有三：一是评价要结合评价对象的具体学习过程来进行，而不是在其学习之后进行，也不是在工作之外进行；二是评价要有利于改进评价对象的学习过程，而不是只对其学习结果下一个结论；三是评价结论的形成是评价者与评价对象协商的结果，而不是评价者单方面的意见。

在教学目标的制定上，我们用知识与技能、过程与方法、情感态度与价值观的三维目标来要求学生。学生在发现问题、合作交流、解决问题的过程中既有知识与技能的获得，又有过程与方法的总结，以及情感、态度与价值观的表现。但是在实际的教学实践中，无论在结果性评价还是过程性评价中，我们更注重学生知识与技能的获得成效，也就是更注重"物"的效果，而忽视"人"的需要；同时会做出某些标准尺度供评价使用，即所谓的"量化评价"。其实学生在学习过程中所体现出来的思维品质、学习方式、态度价值观等"主观因素"是无法用表格或其他量化的标准来衡量的。

如果说注重鉴定、选拔、甄别的功能的结果性评价在关注人自身发展的需要上有所缺失的话，那么过程性评价可以更好的"以人为本"：注重实现调节、改进、服务的功能，突出人在评价中的主体地位和作用，强调对人的尊重、解放和发展，重视情感态度方面的评价，来促进学生通过评价的过程来调整自己的认识和方向，以便于获得更好的发展。与此同时，教师作为教学过程的组织者、指导者，可以通过过程性评价及时了解学生即时的状态，以及教学目标的进展情况，以便及时调整自己的教学过程，保证三维教学目标的顺利实现。

现代教育评价的基本理念是以人为本，注重发展，重视过程。以人为本是评价的立足点和出发点，正如美国心理学家马斯洛（A. H. Maslow）所认为的，人的一切行为都是由需求引起的，而需求又是分层次的（如图5-4所示）。

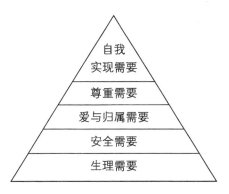

图 5-4　马斯洛的需求层次理论

生理需要是其他各种需求的基础，只有当人们的一些低层次需求基本得到满足之后，才会有动力促使更高一层次需求的产生和实现。各级需求层次的产生与个体发展密切相关。少年、青年初期的尊重需要日益强烈。从这点上来说，"充分尊重人的需要，促进人的发展"是评价所要达到的最终目的，而为了达到促进发展的目的，更好地激发学生自身发展的动力，就应该突出评价激励、调节、改进的功能，即应该重视教育活动的过程，注重过程的评价。

在信息技术学习过程中，重要的是培养学生的信息素养，不仅要让学生掌握相应的信息技术知识，还要使学生在学习过程中实现态度情感、意志品质、创新精神和实践能力等方面的协调发展；从关注学生的发展出发，帮助学生创建"要学 — 能学 — 会学 — 乐学"的良性学习过程；要注重对学生在学习过程中的学习表现、情感体验以及学习成果的整体考核，客观地反映出学生的学习现状和发展水平。正如新课程标准中提出的评价原则：强调评价对教学的激励、诊断和促进作用，弱化评价的选拔与甄别功能；发挥教师在评价中的主导作用，创造条件实现评价主体的多元化；要关注学生的个体差异，鼓励学生的创造实践。依据这些评价理念，过程性评价显示出优势，同传统的评价方式相比，其更有利于激发学生学习、应用信息技术的兴趣，帮助学生提高信息素养。

··第二节　教学评价的常见误区··

信息技术课程作为一门既有理科性质，又有人文特点的学科，融合多门学科知识。学生在信息技术课堂的学习是一个极为活跃的过程。从"以人为本"的思想出发，更应该充分发挥学生作为学习主体在学习过程中的主动性、积极性和创造性，充分尊重学生的需要，发挥学生在过程性评价中的主观能动性，为学生创设积极、民主、和谐的评价氛围，注重对学生学习方式、情感体验等内容的评价，以此促进学生通过过程性评价来认识、了解、调整自身的学习发展。

发展性评价理念使得评价更加人性化和具有开放性，一线教师也更加注重过程性评价；同时，在各级各类的评优课、公开课的评选中，过程性评价的比重也越来越大，这样一来，过程性评价的形式和方法也多种多样，纷繁复杂。在这个过程中，出现了一些行之有效的过程性评价方法，例如课堂即时自我评价、互赏评价（贴标志）、成长记录袋、网络评价等。但是我们也看到不少教师觉得过程性评价无从下手，认为增加了额外的负担，没有真正领会精髓，而出现了为了形式而走过场的现象，没有真正起到过程性评价应有的作用。

一、误区一：大而全，小而全，力求"面面俱到"

表 5-2 中包含了三维目标的每一项，但此目标是教师考核自身教学过程所要达到的目标，而非用于学生对自己学习过程的评价。如此"大而全"，其实学生并不清楚要对自身哪些方面进行评价。表 5-3 针对画图作品的评价，评价内容不少，但我们试想一下：学生在热火朝天的创作之中，特别是他们年龄小，在有限的时间里，如何让他们真正地进行如此多方面的评价？所以最终只能仓促为之，失去评价所期的意义。

表 5-2　三维目标评价

	超过期望	达到期望	接近期望
知识与技能			
过程与方法			
情感、态度与价值观			

表 5-3　丰富评价内容

	主题	风格	色彩	构图	技法	文字
作品设计						

过程性评价主张对学习中的知识与技能、过程与方法、情感态度与价值观进行评价，从尊重、解放人的思想出发，主张凡是教学过程所表现出

来的学生的问题意识、创新能力、协作能力、自主探究学习等任一具有教育价值的结果，都应当进行评价，需要教师采用"小而精""精而准"的多样化评价手段落实。过程性评价应该经常使用，成为学习环节的一个必要组成部分，成为学习过程中的一种自然的程序，不应"有意"为之，而应"意在其中"。

二、误区二：注重知识技能，忽略方法意识、情感态度

表 5-4 和表 5-5 所示都是只注重了教学过程中知识技能的评价，而忽略了方法意识、情感态度的评价。

表 5-4　插入剪贴画技能评价

插入剪贴画	A 等级	B 等级	C 等级
插入			
调整大小			
环绕方式			

表 5-5　修改文字评价

修改文字的字体，用下列哪种方法是正确的？	A. 按鼠标右键，选择"字体"选项后进行字体选择，最后"确定"
	B. 选中所要修改的文字后，选择"菜单—格式"选项后进行字体选择，最后"确定"

只注重知识技能方面的评价，忽视对学生在学习过程中体现出来的创新思维、动手实践、自学探究能力、学习态度、情感体验和价值观的评价，不利于对学生的全面评价，不利于学生探究精神、创造性的培养，不

利于学生获得成功的体验。一方面，一定的知识技能总是建立在一定的情感态度之上；另一方面，了解了学生的情感态度，将有利于学生更好地学习知识，获得发展。

只注重知识技能的评价，就无法对教学过程中出现的"非预期结果"进行评价。学生千差万别，他们的学习过程是丰富多样的，不同的学生会有不同的学习活动，从而产生不同的学习结果。过程性评价将评价的视野投向学生的整个学习领域，认为凡是有价值的学习结果都应当得到评价的肯定，而不管这些学习结果是否在预定的目标范围内。如学生与人谈话、浏览网络、小组合作、自主探究等活动，都可能引发新思考和新问题，而这些新思考和新问题往往会是新发现的开端。所以教师应该重视非预期结果，通过过程性评价鼓励学生愿学、乐学、会学，只有充分地了解把握学生在学习过程中的多面表现，才能真正了解学生，才能使每一个学生的学习获得成功。

三、误区三：重视学生互评和教师评价，忽视学生的自我评价

常见的过程性评价可以分为学生自评、学生互评和教师评价三类。学生自评是指学生对于自己在学习过程中的知识运用、学习方法、学习态度体验进行的自我评价和反思；学生互评是指学生对于他人在学习过程中的知识运用、学习方法、学习态度进行的相互评价；教师评价则是对学生在学习过程中表现出来的突出特点进行的引导性评价。在实际的信息技术教学过程中，重视学生互评和教师评价，忽视学生的自我评价的问题大量存在。

"以人为本"最基本的含义是突出评价主体的地位和作用，充分尊重主体人的需要。如果评价离开了学生主体参与的积极性，评价也就失去了意义。应该为学生创造一个轻松、民主、和谐的评价氛围，使每位学生充分地表达自己的感受和想法，也就是对他自身的学习情况和表现作出说明，通过自我评价对自己作品的思路、主题、特色作出分析，将自我评价与学生互评和教师评价真正结合起来，达到认识上的理解深入，进而再次分析、调整自己的学习探究行为，从而确定正确的学习方法和方向。所以要发挥过程性评价改进、服务、激励的功能，就必须重视学生的自我评价，教会学生学会自我评价，使之发挥自身的潜能。

四、误区四：重视评价标准的统一性，忽视差异性

相对于其他学科课程，信息技术课中学生的个体差异更加突出。例如，有的学生经常使用计算机等相关设备，可称"高手"，而有些学生在正式学习之前从未接触过，毫无基础。在学习过程中，有的学生思维敏捷，动手能力强；有的学生善于发言陈述，语言表达能力强；有的学生活泼开朗，善于交际；有的学生文静内向，秀外慧中。

学生们各有所长，"多一把衡量的尺子，就会多出一批好学生"。如果结果性评价的甄别、选拔功能不能使所有的学生在横向比较后获得成功的体验，那么作为教师就应该充分利用"充满人文关怀"的过程性评价，注重从多角度、多方面对学生进行全面的综合性评价，使学生在对自我的纵向比较后获得积极的内心体验，发挥自身的巨大潜能。由此，过程性评价可以在标准统一的基础上，因人而异、因时不同、分层分类，关注学生之

间的个体差异性和发展的不同需求，促进学生扬长避短、相互补充，在自身原有水平上得到提高，并获得适合自身的正确的发展方向，以适应人才发展多样化的要求。只有这样才不会让我们的教学过程成为"工厂流水线"，生产一模一样的固定模式"产品"；只有这样才是真正实现"以人为本"，才有利于不同学生各有所长的发展，才可以真正实现素质教育。

五、误区五：过程性评价形式单一

在实际的信息技术教学过程中，部分教师认为只有通过表格、记录等"看得见、摸得着"的评价形式，才算完成过程性评价，并为此绞尽脑汁，寻找过程性评价。其实，过程性评价既支持从外部对学习成果进行"量化"的测量，同时倡导、而且更加重视"质性"的方法，强调内部的、开放的评价过程，将评价"嵌入"教学的过程中，贯穿教学过程的始终，包含了多样的方法和策略。

教师可以利用课堂记录表、调查问卷、书面作业等记录学生在学习过程中的各种行为情况，通过记录积累，便于教师关注学生的学习过程，关注学生的成长发展。我们通过表格记录下来的往往更多的是学习过程中一些可以量化的东西，比如知识与技能、过程与方法等，但是教学过程中有很多不可测量、难以量化的内容，比如情感、态度与价值观的内容，所以在进行一些量化评价后，我们还需要质性评价来补充，比如赞赏的话语、鼓励的动作、亲切的交流讨论等，只要它们全面、及时、灵活、深入、持久，学生就可以从中获得肯定、提高能力，最终获得发展。

·· 第三节　教学评价方式 ··

上一节提到的几个误区是教学过程中进行过程性评价时容易出现的问题。在"以人为本"理念的指导下，让过程性评价做到以下几点，我们就可以实现"尊重人，促进人的发展"，"关注个体差异，关注不同层次学生的发展"，使过程性评价成为教学过程中一个自然而然的有效环节。

一、选择适合的方式

过程性评价的方式适合学生，容易操作，不会产生误操作和歧义的理解。学生千差万别，过程性评价方式丰富多样，无论采用课堂记录表、书面作业，还是行为展示、作品展示，或是网络交流、面谈沟通，只要便于学生操作，成为学生学习过程中自然的过程，或者便于学生从中获益，调整自己的学习方式，找到适合自己发展的正确方向即可，不可盲目追求"形式"。

二、意图明确

过程性评价的参与者，特别是教师，作为评价的组织者、引导者，必须清楚在过程性评价中要调研和要解决什么问题。例如在"利用自选图形添加文章插图"一课中使用的课堂记录表（见表5-6）。

表 5-6　课堂记录表

座位	知识认知	积极参与	主动探究	分层练习选择（实践能力）（梅1，兰2，竹3，菊4）				备注
				1	2	3	4	
A1								
A2								
A3								
A4								
A5								
A6								
A7								
……								

　　教师意在通过表 5-6 记录下学生在学习过程中知识能力、方法意识、参与态度方面的表现，并在备注中记录"非预期结果"，以便于全面评价学生，关注学生个体差异，帮助学生发现问题，获得适合学生个性的发展。

三、选择关键因素

　　教师应明确在教学过程中，最关注的要素是什么，然后根据要素设置问题，解决问题，并在过程性评价中予以关注（如情感态度、价值观培养）。例如进行的过程性评价（见表 5-7）中，除了知识与技能之外，着重关注了学生自我展示、语言表达上的特质。

表 5-7　过程性评价表

项目内容	三星标准	你能获得几颗星?
知识运用	能为文字、图片添加动画效果	☆ ☆ ☆
作品效果	动画效果恰当,符合作品需要	☆ ☆ ☆
展示表达	勇于展示,表达清晰流畅	☆ ☆ ☆
总成绩	合计	
如果你获得 5 颗星或以上,说明: 你很棒!		

四、能够关注个体差异

过程性评价要因人、因地、因时而异,关注不同层次学生之间的个体差异性,根据学生发展的不同需求,使学生改进学习方式,获得正确的发展方向,例如主题探究型课程中的小组活动报告(见表 5-8)。

表 5-8　主题探究型课程中的小组活动报告

第__小组　　　　　　　　　　　　　　小组成员_____

	项目	活动内容	遇到问题	问题解决方案	备注
准备过程	小组成员				
	小组研究重点				
	小组分工				
研究过程	利用资源				
	自主创新				
展示过程	作品形式				
	作品主题				
	作品题目				
	展示形式				

操作员_____　　　　记录员_____　　　　发言人_____

通过此活动报告来进行的过程性评价（见表5-9），我们可以了解不同学生的学习兴趣、学习习惯，以及在学习过程中反映出来的各种问题（包括情感态度与价值观），了解不同学生的学习方式和学习效果，并鼓励学生积极开展自主探究的学习方式，获得更好的发展。同时为全面评价学生提供了有利的保证。

表5-9　项目活动评价用表

成果制作	A. 能够熟练运用所学知识完成成果作品设计制作，关注身边生活，很好地解决发现的问题	B. 能够运用所学知识完成成果作品设计制作，能关注身边生活，基本解决发现的问题	C. 能够完成成果作品设计制作，但未能从身边生活出发，未解决生活中的问题
交流分享	A. 语言表达流畅；分享交流形式有创意、吸引人	B. 语言表达比较流畅；分享交流形式比较吸引人	C. 语言表达不够流畅；分享交流形式单一
团队合作	A. 小组氛围融洽，愿意共同为目标努力，互相帮助鼓励；全体成员都能积极参与到活动中	B. 小组氛围比较融洽，能够为目标努力，偶尔出现争吵埋怨的情况；大部分成员能参与到活动中	C. 小组氛围不融洽，经常出现争吵埋怨的情况；只有少数成员参与到活动中
活动管理	A. 目标明确，计划安排合理，利用小组成员不同特点分配不同任务顺利完成活动	B. 目标比较明确，计划安排比较合理，本小组完成活动	C. 目标模糊，计划安排不太合理，小组未顺利完成活动

活动评价是项目学习中的关键环节，在项目活动中，教师引导学生重视过程性评价，重点关注团队合作、成果分享推广过程，形成良好的项目管理意识。

同时教学评价除了线下形式之外，也可以通过网络，充分利用线上的平台空间进行作品的评价交流，克服空间、时间的障碍，让评价交流更充分、更丰富。

在充满想象、创造、创新的信息技术课堂中应该重视过程性评价，在多元化的空间中为学生提供自主探究、创新思维、相互学习、相互借鉴、共同研究的机会，使学生在"借他人之长补自己所短"的过程中、使教师在"教学相长"的过程中均能获得长足的发展。

以上方法建议的提出，绝非全面，亦不一定适用于所有的教学，仅希望以此能够对我们的教学，特别是对过程性评价的开展有所帮助。过程性评价有诸多优势，例如激发学生的学习动机，调动学生的学习积极性；有助于促进师生间的交流沟通，帮助学生及时调整学习方向，促进每位学生的长足发展；亦有助于教师了解教学的得失，改进教学方法。但是我们也应该看到，过程性评价并不适用于所有的情况，它需要将自身改进、服务的功能与结果性评价的鉴定、甄别、选拔的功能有机结合，在坚持"以人为本"的原则下，根据评价目的来确定评价的类别，从而对学生进行有效的全面评价。

附　录

··附录一　基于项目学习方式的思考研究··

我们需要从学科核心素养的培养，从促进学生全面发展的角度出发开展项目学习，以现实问题的研究和解决为载体，基于学生的需要，以学科课程为依托，选取具有挑战性、整合性的项目内容，形成整合的研究方法与思维模式，促进学生在主动的意义建构中完成创新素养的深入发展。

基于项目学习背景下机器人校本课程创新实践研究

课题研究内容：通过在机器人校本课程中实施项目学习，利用课堂教学深入、专家引领提升、经验资源共享等多种形式，进行细致深入的探索研究，不仅在机器人课堂教学模式上给出一些改进意见和方案指导，同时也希望广大教师对教学模式的设计引起重视，对教学模式的相关理论与实践进行更深一步的研究，取得更大的研究成果。

一、问题提出

（一）研究背景

1. 综合性人才培养的需要

教育教学的核心任务已经从以教师为中心的教授课程知识内容逐步转向以学生为中心的培养学习和应用知识的能力，从而教导学生拥有"带得走"知识的能力，也就是所谓的"学以致用"的能力。社会需要的将不只是知识的复制者，更需要的是创新人才。以往的学科教学一般具有较强的学科内部体系性和学科之间的分界，但随着社会多元价值的呈现、STEAM理念的提出，社会对于复合型人才的需求越来越迫切，对于学生和教师的考验也越来越严峻。在有限的时间内，教师如何开展课程教学，让学生能够有效地构建自己的知识体系，让学生不仅知道而且能够运用所学习的知识解决问题，成为一个重要的研究方向。

2. 项目学习教学模式的推广

项目学习是一种学与教的模式，它集中关注某一学科的中心概念和原则，旨在使学生融入有意义的任务完成过程中，让学生积极地学习、自主地进行知识建构，以学生建构的知识和培养起来的能力为最高成就目标。项目学习是建立在学生兴趣与需要的基础之上的，经有目的的活动作为教育过程的核心或有效学习的依据，它对于打破学科体系，实施跨单元、跨学科的学习具有重要作用。

（二）研究现状

1. 机器人教育发展现状

随着机器人教育在我国的不断发展，机器人教育研究逐步从以竞赛为导向的研究走向了机器人教学以及与传统学科整合的研究上。2017 年 7 月 8 日，国务院印发《新一代人工智能发展规划》，其中明确指出：人工智能成为国际竞争的新焦点，应逐步开展全民智能教育项目，在中小学阶段设置人工智能相关课程、逐步推广编程教育、建设人工智能学科，培养复合型人才，形成我国人工智能人才高地。作为人工智能课程的一个重要分支——机器人课程，是一门多学科融合，强调动手操作、团队合作的课程，能够满足学生进行跨学科学习、形成学科核心素养的更多需要，以促进学生创新能力的形成与发展，促进核心素养的真正提升。

机器人技术综合了多学科的发展成果，涉及信息技术的多个领域，融合了机械原理、电子传感器、编程语言、计算机硬件及人工智能等众多先进技术。机器人课程通过组装、搭建、编程控制机器人完成任务，激发学生的学习兴趣，培养学生综合能力，提升学生素养，为传统信息技术课程增添许多活力。

机器人教育在传统学科教学中，让学生以团队合作的形式在机器人平台上按照一定的任务要求进行设计、搭建、编程等一系列实践活动，以达到优化学科教与学效果。但以往的以讲授为主的教学方式难以实现这个综合目的。因此，基于机器人的教育和活动面临着向新的发展阶段迈进的挑战，需要结合学科特性，进行课程创新，选择适合的教学模式。

2. 北大附小机器人校本课程现状

我们希望我们的信息技术课程是一个与时俱进不断更新丰富内容，采用多样策略促进学生创新创造，让更多孩子获得自信，找到不同发展方向的指引的"大课程"。作为我校信息技术课程中重要组成部分的机器人课程，我们希望学生通过学习可以有如下收获：一是了解机器人的发展和应用现状，理解机器人的概念和工作原理，为将来深入学习研究机器人技术打下坚实的知识基础；二是了解各个传感器的功能，能够编写简单的机器人控制程序解决实际问题，增强分析问题和解决问题的能力，建立良好的计算思维；三是通过团队合作完成任务，增强交流沟通和创造创新的能力，提升合作共享意识。

在机器人课堂教学中，包括学校已开展的社团项目教学中，老师们普遍采用任务驱动法、讲授演示法、讲练结合法这三种教学方法。但是基于培养未来人的理念，基于提升学生核心素养的目标，只运用以上方法进行教学已经不能适应学生的发展需要、课程的发展需要。单纯的任务驱动法、基于问题的讲授演示与讲练结合更适合于机器人基础知识内容与简单技能掌握的教学，已经不能满足学生进行跨学科学习、形成学科核心素养的更多需要，机器人教学中需要更为灵活的教学方式策略给予学生充分的创造机会和创造空间，以促进学生创新能力的形成与发展。

二、文献综述

（一）概念界定

1. 项目学习

（1）国外关于基于项目的学习的定义

Project-based learning is an innovative mode for teaching and learning. It focuses on the central concepts and principles of a discipline, involves students in problem-solving investigations and other meaningful tasks, allows students to work autonomously to construct their own knowledge and culminates in realistic in products.

基于项目的学习（Project-based learning，简称 PBL）是一种新型教学模式，它所关注的是学科的核心概念和原理，它要求学生从事的是问题解决，基于现实世界的探究活动以及其他的一些有意义的工作。它要求学生自主学习并通过制作作品完成自己知识意义的建构。

Project-based learning: An instructional method that uses complex, real-life projects to motivate learning and provides learning experiences the projects are authentic, yet adhere to a curricular framework.

基于项目的学习是运用复杂、真实的生活项目——这种项目是真实的，同时又是与课程内容紧密相关的，来促进和提供学习经验的一种教学方法。

Project-based learning is an instructional strategy that is intended to engage students in authentic, "real world" tasks to enhance learning.

基于项目的学习是使学生在现实世界中进行工作从而促进学习的一种教学策略。

以上三种定义分别把基于项目的学习定义为"教学模式""教学方法"以及"教学策略"，笔者认为因其教学模式的改变导致教学方法和教学策略都需要相应改变，且笔者的视角是为了让基于项目的学习应用于校本机器人课程中，研究教学创新的方式，培养创新人才，因此在下文中用教学模式进行统称。

（2）国内关于基于项目的学习的定义

基于项目的学习是以学习、研究学科的概念和原理为中心，通过学生参与一个活动项目的调查和研究来解决问题，以建构起他们自己的知识体系，并能运用到现实社会当中去。

综上，我们认为基于项目的学习是一种新型教学模式，它所关注的是学科的核心概念和原理，它要求学生从实际出发，进行问题解决，进行基于现实世界的探究活动以及其他一些有意义的工作。它要求学生自主探究学习并通过制作作品完成自身知识意义的建构，以制作的项目产品成果表达探究活动所得，并展示推广自己的产品。

2. 校本课程

校本课程就是某一类学校或某一级学校的个别教师、部分教师或全体教师，根据国家制定的教育目的，在分析本校外部环境和内部环境的基础上，针对本校、本年级或本班级特定的学生群体编制、实施和评价的课程。

3. 教学模式

教学模式是在一定教学思想或教学理论指导下建立起来的较为稳定的教学活动结构框架和活动程序。作为结构框架，强调了从宏观上把握教学活动整体及各要素之间内部的关系和功能；活动程序则强调了教学模式的有序性和可操作性。

4. 教学评价

教学评价是指各种教学模式所特有的完成教学任务、达到教学目标的评价方法和标准等。不同教学模式的评价方法和标准与其所要完成的教学任务和教学目的息息相关。目前常用的教学评价方法是阶段性评价和总结性评价。

（二）国内外研究现状

1. 机器人教育研究综述

（1）国外机器人教育研究综述

在国外，机器人教育很早就已经被提及了。1994 年，"设计和建造 LEGO 机器人"课堂就已经被美国麻省理工学院（MIT）设立。这是机器人课程进入大学课堂的一个标志。美国的机器人课程主要提供了两种类型的机器人课堂：一种是以课程的形式贯穿于整学期；另一种是课堂之外的形式。除此之外，还有一种形式是以机器人为内容开展的夏令营，它是由美国基础教育领域提出的，且大多是由机器人零件的生产商来推动开展。相较于美国，日本对机器人发展的提及要稍微晚一些，但是日本作为后起之秀，在机器人产业方面已经赶超了很多其他科技发达的国家。而这一成果得益于他们从一开始就对机器人教育，以及全民机器人文化的提升高度重视。在日本，不仅大学里面设置有机器人教学课程，其他的学习阶段也有较为专业的团队会定期根据需要面向不同层次的国民举行机器人设计、制作的赛事，从而提高全民的科技素养。这个赛事涉及的范围很广，不仅有高水平的比赛，而且有一些较为简单的适合中小学生及社区民众参加的比赛。

笔者查阅资料整理发现，国外机器人学校教育入课堂主要是在大学阶段才开始的，中小学更多的是以一种课外兴趣机构的活动开展来推动。美国教师对大学生的机器人教育的内容主要是注重培养学生的信息处理能力和对科学技术的感知力。日本的机器人教育虽然基本上在每个学段已经普及，他们根据学习对象认知水平的不同开设不同的课程，普及机器人教育提升全民的科学素养，但是他们并没有系统总结和概括有关机器人教育的策略和模式。

（2）国内机器人教育研究综述

随着社会信息化的发展，信息素养和创新意识日益成为信息社会公民素养不可或缺的组成部分。机器人课程在培养学生创新性思维、提升其动手能力和创新能力上具有显而易见的优越性，正越来越受到教育部门和学校的重视，但多数机器人教育还是以课外活动和各种兴趣班、培训班的模式开展；同时各地也的确有相当数量的中小学校能够积极组织学生参加各类智能机器人活动或竞赛，但只有少数地区和学校将机器人教育教学纳入校本课程；也有少数学校虽以研究性课程、选修课程的形式开展，但还未完全进入学校课程体系，没有真正对全体学生进行机器人知识的普及教育。种种原因造成机器人教育课程和教学体系尚欠科学系统，存在教学形式单一、课程内容不够丰富等问题，因而需要在一定程度上完善机器人课程，在课程的教学目标规划制定、教学模式设计实践、教学方法选取对比和教学评价体系建立等方面进行深入的研究。

与此同时，更多现有机器人教学实践经常是以一个单独的教学主题来开展教学，更多注重自身课程内容的讲授实践，相关研究也着眼于机器人课程内的知识；而机器人课程与其他学科知识的融合，以及在此基础上开展的基于项目学习的综合机器人项目活动实践的研究相对较少，相关的课程内容、教学实践、教学案例、教学评价等资料也很少，相关的教研成果更是缺乏。

2. 项目学习应用于机器人课程研究综述

（1）国外项目学习应用研究综述

1918 年 9 月，美国著名的教育家克伯屈（W. H. Kilpatrick）首次提出了项目学习的概念，引起了教育界的广泛关注和兴趣。项目学习于 1969 年由美国的神经病学教授巴罗斯（Barrows）在加拿大的麦克马斯特大学应用于医科教学，先后在 60 多所医科学校中推广、修正。因其注重实践性和参与性，强调以问题解决为中心、多种学习途径相整合，实现了向"学习者为中心"和"能力中心型"教育的转变。此后,该模式在高等教育、高职高专教育、中小学教育甚至企业、政府、军事等各个领域如火如荼地开展起来,并且在理论和实践方面产生了大量的研究成果。

梭伦(Solomn)使用过程性的方法对项目学习的内涵进行描述:项目学习中,学习者以小组的形式解决基于课程的跨学科的具有一定挑战性的真实难题;学习者决定解决问题的方法以及需要采取的活动,收集大量的信息,综合、分析,进而衍生出知识;这样的学习因为与真实事物相连而具有实际价值,掌握例如合作及反思这类的成熟技巧;学生阐述自己习得的知识,评价者对其习得的知识量以及交流的程度进行评估。在整个过程中,教师承担着指导者与建议者的角色,而非指示管理学生的管理者。

国外关于项目学习在学科中应用的设计研究并不多,国外研究的关注点主要集中在应用效果的探究、与基于问题的学习的区别研究、项目学习课堂与传统课程学习成效的对比等,而涉及具体分析与学科课程结合的特点、设计方案等的极少。

(2)国内项目学习应用研究综述

国内项目学习立足于学科的较多,且在设计项目学习时,注意结合课程标准中的学生能力要求。项目学习的教学模式,可分为发展概念目标、发展引导问题、发展基础课程、发展调查活动、发展评量模式及发展项目计划六个阶段,这些阶段是循环往复进行的,可按照教学的需要,随时调整顺序来设计项目学习的流程,并可协助教师在设计和计划项目时,作为自我评估的工具。从文献检索情况来看,我国大约于2001年将项目教学模式法用于教育领域。该模式较早应用于中等、高等职业学校的计算机、电子等专业技能的教学。随后项目教学模式延伸到动漫设计、汽车制造、多媒体课件开发、职业汉语、商务英语等教学领域。随着中小学信息技术课程的广泛开展，该模式也逐渐走进了中小学课程教学。

3. 基于项目的学习与基于问题的学习的比较

（1）共同点

二者具有一个显著的共同点：都有一个驱动性的问题，也就是都具有学习展开的内在驱动力。基于问题的学习和基于项目的学习突出强调学习过程的组织是以问题和项目为中心的，而不是现成的文本内容在师生间的机械位移：它们都强调真实性，采用的都是基于绩效的评价方式。

（2）区别

基于项目的学习通常以丰富多彩的形式表现最终的作品，同时这个最终作品也是学生开展项目学习的驱动力；而基于问题的学习则是以问题解决为目标，不一定要有作品。前者是由引发性的问题发展，以最终作品为目标，这个最终作品包含了问题解决的答案，并且要推销这个作品；而后者是以要解决的问题为中心，围绕任务展开，并不要求制作最终作品，更不要求实现一定的经济和社会效益。另外，基于项目的学习要求学生在真实情境中展开探索，而基于问题的学习方式则没有这样的要求。

4. 基于项目的学习与基于任务驱动的学习的比较

（1）共同点

①理论基础

建构主义认为学习是在一定的情境，即社会文化背景下，借助他人的帮助，通过人际间的协作活动而实现意义建构的过程，因此建构主义学习理论把"情境""协作""会话"和"意义建构"作为学习环境中的四大要素或四大属性。无论是项目驱动教学法还是任务驱动教学法都是以任务或者问题开始，都强调创设情境的真实性，强调小组协作学习的重要性，强调让学生在协作与互动的过程中实现知识建构。

杜威理论体系的核心部分是他的教学理论，从"做中学"又是他全部教学理论的基本原则。以此为基础，在教材与课程的问题上，他反对以既有知识为中心的教材，反对把早已准备好的教材强加给儿童，认为教材与教师不是学生唯一的"导师"，教师应该成为从旁协助学生活动的参谋。项目驱动教学法与任务驱动教学法都把学生作为整个教学活动的主体，教师成为引导者和协助者，这与杜威实用主义的教育理论不谋而合。

②任务贯穿始终

项目驱动教学法中把一个项目划分成若干个小任务，这些任务之间不是完全独立的，一个任务完成后产生的阶段性成果可能会成为下一个任务开始的基础。任务驱动教学法强调在一节课中，以真实的问题或者任务开始教学，学生的活动都是围绕此任务展开。两种教学方法都是以任务为中心，创设真实的任务情境来吸引学生的学习兴趣，驱动整个教学活动。

③有利于能力形成

项目驱动教学法和任务驱动教学法都转换了传统教育方式中以教师为中心的观念，不再是"填鸭式"的教学，而是强调在课堂上以学生为中心，让学生在探索、实践的过程中尝试解决问题，完成任务或项目。有利于让学生感悟知识的价值，激发学生的学习兴趣，培养学生的动手能力、创新能力，形成较好的学习效果。

④提高了对教师的要求

在这两种教学方法中，教师是教学过程的组织者，也是教学活动的指导者，这对教师的要求不是降低了而是提高了。首先，教师要对教学内容进行合理的组织和划分，需具有根据教学内容及实际情况创设学习情境的能力。制定的项目或任务要讲究一定的艺术性，能够吸引学生的注意力，激发学生积极参与和热烈探讨。其次，无论是任务驱动教学法还是项目驱动教学法，最终都离不开教师的评价。这要求教师熟悉教学大纲，具有相应的实践经验或者应用技能，以便遇到不同情况时，在不脱离教学实践的基础上能够给予学生合理的指导、公正的评价。

（2）不同点

项目驱动教学之关键就在于项目设计，这里的项目通常由教师确定，也可由有项目学习经验的学生自己制定。设计的项目是由一系列相互关联的任务组成，每一个任务的完成可以让学生产生成就感和满足感，并因其成果尚可在后续任务中得以继续完善而对下一个任务产生期待，有利于激发学生持续性的学习动机。项目中的阶段性任务通常具有一定的难度，需要学生通过自主学习或小组合作努力探索，必要时向教师寻求帮助。任务驱动教学法中设置的任务在一节课中就可以完成，甚至一节课中可以实施两三个任务。任务相对简单一些，通过学生的思考和教师的引导便可以得以解决。一个项目从实施到结束至少需要几周甚至更长的时间，而任务驱动教学法中设计的任务学生在一节课中就可以完成。

项目驱动教学法中教师作为项目的"责任人"，在规划项目之前要对项目进行一系列的流程分析，包括需求分析、可行性分析、价值分析等。

在企业、社会中，项目的责任人要在项目分析的基础上，考虑时间、成本、投入、验收等，需要签订项目合同并且承担相应的责任与风险。教师作为项目的设计者、指导实施者，在项目实施前同样需要进行项目分析，虽然教师不用签署项目合同，但是同样承担着教学活动无法成功的风险。任务驱动教学法中教师是根据教学内容设计与之相符的任务，一节课上的任务相对较简单，在学生的探索、教师的指导下可以轻易地完成，教师不存在需要承担风险之说。

项目驱动教学法与任务驱动教学法虽然都以任务驱动，教学的过程也离不开任务的实施，但是它们的培养目标却有着较大的差异。在任务驱动教学法中，教师把教学内容融会贯通于任务之中，以任务驱动，启发学生在完成任务的过程中进行思考，掌握知识，最终实现教学目标。在任务驱动教学法中，学生完成的是与学科中局部知识相关的任务，一节课中掌握的知识通常有限。因此任务驱动教学法实现的常常是教学目标序列中的子目标。项目驱动教学法通过让学生循序渐进地完成由多个相互关联的任务构成的项目来获取系统的知识，这些知识可以在学生脑海中形成一个知识链或知识网。除此之外，项目驱动教学法更注重培养学生的综合能力，包括发现问题、分析问题、解决问题的能力，合作能力和社会能力等，并要求学生能够运用系统化的知识去解决从未遇到过的新问题。因此项目驱动教学法实现的常常是一个涉及系统化知识的完整的能力目标。

在采用任务驱动教学的课堂上，教师提出的任务最后得以解决，贯穿于任务之中的教学内容学生得以掌握，在一定程度上可以说教学取得了成功。在项目驱动教学中，项目教学产生的成果一般由若干个阶段性成果构成。项目的完成伴随着某一形态教学产品的诞生，该产品可以是物化形态的物品，也可以是有实际意义的作品。项目实施所形成的教学产品具有实际应用价值和社会价值，可以应用到社会、学校、企业等的生产或教学实践中去；任务驱动教学的课堂则无此明确追求。

（三）理论依据

1.建构主义理论

建构主义认为，知识是学习者在一定的情境即社会文化背景下，借助其他人（包括教师和学习伙伴）的帮助，利用必要的学习资料，通过意义建构的方式而获得的。建构主义教学设计观要求教学环节中要包括情境创设、协作学习、讨论等，让学习者自己完成知识的意义建构。在机器人教育课堂上，教师要成为学生的帮助者、指导者，同时一定要有足够的指导素养。比如要在适当的时机介入学生探讨的环境中去，帮助学生解答问题；适时引导学生进入主题；在机器人教育知识型课堂的研究性学习中，要启发学生主动去搜集并分析有关的信息和资料，努力寻找问题解决的方案。

2.多元智能理论

美国著名教育心理学家加德纳（H. Gardner）提出的多元智能理论是一种关注人的智力与潜能发展、反对传统单一智力论的理论。加德纳的多元智能理论指出，每一个学生的智能都各具特点并有自己独特的表现形式，有自己的不同学习类型和学习方法。因此教师应根据学生智能结构的不同特点设计教学活动，真正做到因材施教，为学生的个性化发展提供必要条件，而且还应该随着不同的教育教学领域而有所区别。由此，多元智能理论倡导的学生观认为，学生不应该有好坏之分，学校只是各种有不同智能特点、智能表现形式、学习类型、学习方法和发展方向的可塑人才的聚集地。

多元智能大致可以分八个方面来描述：语言智能、数理逻辑智能、空间智能、身体运动智能、音乐智能、人际交往智能、内省智能、自然智能。多元智能理论强调每个学生身上都蕴含着不同的智能，有的方面得以充分地表现出来，成为强项；有的方面还有待发现和开发，暂时表现为弱项。那么，课堂教学设计的目的是为了更好地完成一节课的教学任务，使学生知识吸收的效果更好，而且机器人教育的目的最主要是开发学生的智力，发挥其创造力。所以在进行教学设计时一定要遵循多元智能理论，开发学生的智力，达到更好的教学效果。

机器人课程能够帮助学生发展多元智能：严密的程序设计，提升学生的数理逻辑智能；多彩的结构搭建，锻炼学生的身体运动智能；驱动的课堂形式，促进学生的内省智能；在模拟和想象中，发展学生的空间智能。

3. 项目学习理论

项目学习的特征是真实情境、促进学习；基于项目的学习所确立的主题一般情况下不会单纯地依靠一门学科知识来解决，而是要涉及多门学科知识的运用；项目学习的四大要素是内容、活动、情境、结果。

三 . 研究目的和意义

（一）研究目的

通过基于项目学习背景下的机器人课程创新实践固化研究，促使打破学科体系，顺利有效实施跨学科的融合学习；通过机器人项目活动，有效培养学生的动手、逻辑思维、创造、交流、合作、管理等多方面能力，完善创新机器人校本课程中教学内容、教学目标、教学模式、教学评价等方面内容，促进机器人课程从学生需要出发，在真实情境中借助多重选择、多种资源、多样评价来促进学生学会学习。

（二）研究意义

1. 理论意义

校本课程开发尽可能地反映社区、学校和学生的差异性，及时融进最新的科技成果、社会问题，充分考虑到教师的积极参与、学生的认知背景与需要，为学生提供多样化的课程选择，在一定范围内可以补充国家课程开发的不足。机器人校本课程的开发和实施，为创新教育理论与创新教育实践的有机结合提供了有效的平台。

2. 实践意义

学校教育需要培养学生独立解决问题的能力，学生利用所学内容与自身经历来建构与待解决问题有关的知识体系。运用项目融合机器人及其相关学科知识应用，有助于学生自我构建知识体系，培养工程设计思维，学以致用，成为复合型的人才。把项目学习引入机器人校本课程中，能有效地培养学生的动手能力、逻辑思维能力、创造能力、交流能力、合作能力等多方面能力。

在学习的过程中，学习者会从学习的需要出发，对初始目标进行分解或将其转换为其他目标，进而通过不同途径，运用不同解决方法达成目标。

在项目的完成过程中，学生不仅要自主探究，也通过小组合作的方式进行学习，形成小的学习团队或学习共同体，同时与其他团队协作交流，在教师的帮助引导下，在大的学习共同体间的相互协作下解决问题，完成任务。

基于项目的学习所确立的主题一般情况下不会单纯地依靠一门学科知识来解决，而是要涉及多门学科知识的运用，将多学科多个知识点融合交叉，内容是完整综合的，而非支离单独的知识片段，即内容知识具有完整性和系统性，是值得学生进行深度探究的，进而对复杂的话题和论点能够形成自己的观点。

基于项目的学习是连续的过程，学生自己选定项目，自己制订合理计划，并将计划付诸实践，其中学生必然要对学习的过程进行自我评价，这是培养学生自主学习能力的重要途径。同时将成员之间互评、小组之间互评和教师评价，过程性评价和结果性评价结合在一起，关注过程方法和交流合作并重，关注成果和关注获得并行，通过多样评价敦促学生学会实践反思、提升自我、交流欣赏。由此促进机器人课程从学生需要出发，在真实情境中借助多重选择、多种资源、多样评价来促进学生学会学习。

四、研究实践

（一）研究内容

本课题利用课堂教学实践、专家引领提升、经验资源共享等多种形式，针对项目学习方式在校本机器人课程中的应用，进行细致深入的实践探索研究，探索总结项目学习在校本机器人课堂实践中的应用。

（二）研究方法

1.文献法

根据课题研究目的，通过查阅文献来获得资料，从而全面正确地了解掌握所要研究问题。本研究通过大量文献梳理了项目学习、校本课程、教学模式和教学评价的概念定义，整理了国内外机器人教育研究综述，从理论与实践层面分析了项目学习在教育教学中的应用。

2. 行动研究

通过总结理论与实践研究经验，梳理、提炼机器人校本课程项目教学实施过程中的模式、方法、经验，总结归纳规律。通过教学案例实践分析，归纳在小学机器人校本课程实施项目学习的经验和深入研究的问题；以 WeDo2.0 课堂教学设计为例，描述基于项目学习的机器人课程实施教学设计的环节以及具体实践细节，为后续的相关研究提供参考。

3. 调查法

本研究对学生的知识基础及后期学习效果进行调查。通过学习前的调查，充分了解学情，合理控制变量，设计教学方案。通过学习后的调查，评估教学策略的有效性。

（三）研究实施过程

1. 准备阶段

（1）教学对象分析：根据教学硬件、学生需求、学生能力、课时安排等要求选定教学对象为北大附小四年级全体学生；并对他们的学习心理特点以及已有知识和经验进行分析。

（2）教学案例设计：教学使用 WeDo2.0 套装，在 WeDo2.0 软件指南的分析基础上，结合学校已有机器人校本教材，将知识点融入 WeDo2.0 套装；结合学生生活，进行项目主题的选择和分析，为学生提供贴近生活且具有提升作用的项目主题；筛选并分析需要的单元，根据所选择的主题，进行教学目标分析。

（3）教学流程设计：基于项目学习展开教学活动，项目学习流程：选定项目—制订计划—活动探究—作品制作—成果交流—活动评价。

（4）教学评价方式设计：过程性评价和终结性评价。

（5）教学准备工作：教学进度、教学课件、器材、PAD 等。

2. 实施阶段

按照教学设计，对教学对象实施基于项目学习的机器人校本课程教学方案。教学实施按照项目学习的流程开展。

案例 1

围绕"小车"主题展开，共有四部分：《我们的小车——结构组建》《小车停下来——棘轮结构》《小车机器人——马达编程图标的使用》《生活中的智能道闸》。目标是通过此项目，引领学生运用组件进行创意小车搭建，探索棘轮结构应用；学会梳理思路进行简单编程控制小车机器人；通过生活观察，深入研究生活应用中的智能原理，能够运用机械结构知识和传感器进行模拟搭建，并能够编写分支、循环结构程序进行控制。同时在项目完成过程中，各学生小组自始至终做好过程记录。通过这个项目，有意识地培养学生创造创新的意识，培养学生的发散思维和计算思维，增强学生应用知识解决实际问题的能力，提升学生团队合作、交流分享的能力。

第一课时

目标：组建小组、计划分工、确定主题。

活动：在项目学习初始，学生们三至四个人组成自己的小组团队，并选出团队组长。在组长的带领下，围绕主题词"小车"，小组成员进行"头脑风暴"，展开讨论交流，教师作为引导者，引领帮助学生逐步深入思考。各小组将研究问题聚焦在"小车结构"，基于自身的生活和知识经验，各小组进行计划安排之后，分工合作完成了独具本小组特色的小车结构。小车完成后，各小组借助外力推动小车运动起来，在此过程中，小组成员观察、讨论、试验，将结构中影响小车顺畅运动的不利因素一一解决，并自发进行小组间的竞赛，比一比谁家小车跑得快。最后各小组总结"影响小车顺畅运动的因素"。

教师支持：①关于结构的稳定性和运动流畅性的知识引导；②竞赛用坡道；③各学生小组总结引导；④引领各学生小组关注过程的记录和项目的进度。

第二课时

目标：进行合作学习探究，学会应用棘轮结构。

活动：教师继续借助思维导图引领，学生们迫切地提出问题：小车既然在坡道上顺利地运动下来，那么是否能够在坡道上停下来？围绕"小车如何在坡道上不借助第三方外力的情况下停下来"，各小组积极地展开研究探索试验，同时各小组间展开积极地讨论交流，最终在教师的帮助下，学习并应用棘轮结构解决了问题。

教师支持：①棘轮结构的丰富资源（视频、图片）；②对学生在探索过程中的时时鼓励；③引导学生关注棘轮结构在生活中的应用；④引领学生关注过程的记录和项目的进度。

第三课时

目标：知道机器人的概念，学会简单编程控制小车机器人。

活动：各小组积极发言，提出问题：如何让小车成为真正的机器人？教师组织学生们表达想法：机器人的定义是什么？在学生们厘清概念之后，团队成员集体奉献智慧，于自主探究中，各小组都顺利地完成了小车动力装置的安装，并且利用 PAD 端的软件平台编写基本的程序来"指挥"小车运动起来，使小车成为真正的机器人。

教师支持：①关于机器人定义的总结归纳；②帮助解决部分小组出现的 PAD 与小车连接通信的问题；③引领学生关注过程的记录和项目的进度。

第四课时和第五课时

目标：学会涡轮蜗杆和传感器的使用，理解分支循环程序。

活动：学生们借助思维导图继续深入思考，寻找自己感兴趣的研究问题，如"机器人—机器人在生活、军事、医疗的应用—机器人在生活中（交通、家庭、娱乐、学习等）的应用—无人驾驶汽车—生活中常见的供车辆出入的社区门口、停车场等处的智能道闸"。学生们经过深入的思考，找到自己感兴趣的研究问题：生活中的道闸有什么功能？工作的原理是什么？能否让道闸变得更智能？各小组首先利用生活观察积累的经验和教师提供的资源进行学习，设计绘制道闸的抬杆系统，在经过进一步讨论修改之后，各小组利用结构零件搭建制作道闸的抬杆结构，各小组不尽相同。在完成道闸抬杆结构设计搭建之后，围绕"智能道闸"，各小组继续展开深入的研究：加装电机、传感器，程序编写等，各小组对"智能"的理解达成共识，解决方法各有高招，对技术知识在生活中的应用有了更真切的体验，同时对于程序设计编写的顺序、分支、循环结构有了初步的认知。

教师支持：①有关生活中道闸的资源；②关于抬杆结构设计的稳定性和合理性的引导；③引导学生进行总结，并予以归纳；④引领学生认识程序中的顺序、分支、循环结构；⑤引领学生关注过程的记录和项目的进度。

第六课时

目标：交流分享研究成果。

教师支持：①鼓励引导学生利用各种形式展开汇报、分享；②引领学生进行正确评价；③提出合理化建议；④总结本次项目。

案例2

围绕"身边的交通"主题展开，共有四部分：《观察身边的交通》《模拟身边的交通》《解决身边的交通问题》《分享方案发现》。目标是通过此项目，引导学生亲身实地观察红绿灯路口，发现需要解决的问题，在了解红绿灯简单原理的基础上，借助组件模拟搭建的红绿灯路口；通过编写程序控制解决问题，学会使用等待、显示等图标，认识理解选择结构程序；能够利用所学知识解决实际生活问题，加深对编程逻辑的理解和思维的培养。同时引领学生在活动中增强发现问题、解决问题的能力，锻炼思考、表达、交流的能力，提升主动应用、社会交往、团队合作、交流分享的意识。

第一课时

目标：组建小组、计划分工、观察生活。

学生们三至四人一组，组成自己的小组团队，并选出团队组长。然后各小组同学商议后对学校或家附近的一个红绿灯交通路口进行实地观察，利用文字、图片、短视频等形式记录交通存在的问题。

第二课时

目标：小组成员汇总问题，找到小组的驱动性问题。

第三课时

目标：模拟利用智能控制方式解决存在的交通问题。

第四课时

目标：交流分享研究成果。

案例3

围绕《公交车遮挡后车观察信号灯问题》这一主题开展研究，主要经历了《交通信号灯的遮挡问题》《调查信号灯设置》《道路模型分析》《分享解决方法》。目标是通过此项目，引导学生注意观察生活中的交通问题，发现信号灯设置及遮挡问题，通过抽样调查，分析该问题的特征及其对交通安全和效率的影响，进而借助机器人设备模拟搭建交通路口信号灯的模型，从而确定增设信号灯辅灯的条件，在信号灯设置方面提出合理的建议，解决公交车挡灯等信号灯可视性问题，培养学生在整个项目过程中发现问题、分析问题和解决问题的能力。

第一课时

目标：组建小组、计划分工、观察交通信号灯的遮挡问题。

1. 问题的提出

经常会遇到公交车挡灯这种情况，你是不是也遇到过呢？

遇到这种情况，大家都是如何应对的——跟随公交车还是不跟？

多数路口每个方向上都只有一组机动车信号灯，这是造成这个问题的原因吗？

能不能通过改进信号灯的设置来解决这个问题呢？

2. 研究思路

研究思路如附图1-1所示。

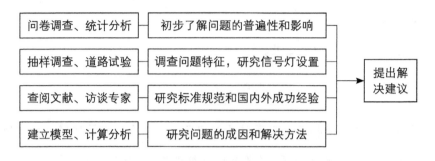

附图 1-1　研究思路

第二课时

目标：通过问卷和访谈公交车司机调查该问题的特征及其对交通安全和效率的影响。

1. 问卷调查、统计分析

调查研究如附图 1-2 所示。

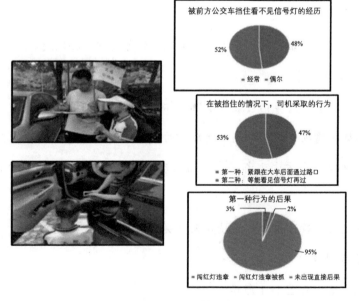

附图 1-2　调查研究

（1）所有参与调查的司机都遇到过被前面公交车遮挡而看不见信号灯的情况，其中有 52% 的人偶尔遇到这种情况，48% 的人表示经常遇到这种情况，问题具有普遍性。

（2）当发生这种情况时，有 47% 的人选择忽视信号灯紧跟前面公交车通过路口，53% 的人选择等前车开出一段距离直到能看到信号灯后再向前走。

（3）总共有 5% 的人在通过路口时发现自己闯了红灯。

（4）此外，被调查者还反映了辅灯的样式太多、位置不统一、难以分辨等问题。

2. 抽样调查、道路试验

◎ 13 条公交线路（成府路）

共 13 条公交线路，每个路口一个红绿灯周期内，至少有 2 辆公交车会影响后车视线。

◎ 40 个交通路口（中关村大街、学院路等道路）

其中 35 个路口每个方向只有一组红绿灯，有公交车时后车会被遮挡；

5 个有辅灯的路口，红绿灯的位置不统一，样式也不统一，不易辨认；

还有树木遮挡信号灯、畸形路口信号灯互相干扰等问题。

第三课时

目标：利用建立模型、计算分析等方式解决信号灯遮挡问题。

1. 建立模型、计算分析

如附图 1-3 所示，通过几何制图、计算分析，验证了在没有辅灯的路口，无论是在停止状态还是在行进状态，公交车一定会对后车观察信号灯造成遮挡，后面的车辆看不到信号灯。

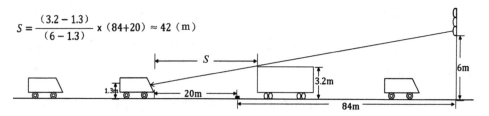

$$S = \frac{(3.2 - 1.3)}{(6 - 1.3)} \times (84 + 20) \approx 42 \ (m)$$

附图 1-3　路口安装信号灯辅灯的必要性分析

假设通过路口速度为 20km/h，则后车需要等公交车向前驶出 42m 后才可以看到信号灯，这远远大于此速度下的安全行车间距 16m。如果等待前车驶出 42m，会浪费大量时间，影响通行效率。

◎ 国家标准《道路交通信号灯设置与安装规范》规定：当进口停止线与对向信号灯的距离大于 50m 时，应在进口处增设至少一个信号灯组。

◎《中华人民共和国道路交通安全法》规定：道路两侧及隔离带上种植的树木或者其他植物，设置的广告牌、管线等，应当与交通设施保持必要的距离，不得遮挡路灯、交通信号灯、交通标志，不得妨碍安全视距，不得影响通行。

◎ 国外经验：在美国、英国、澳大利亚等国家的城市道路交叉口每个方向都有 2—3 组以上的信号灯。

2. 查阅文献、专家访谈

◎ 所有超过 23m 长的路口（停止线到对面信号灯的距离）都存在公交车影响后车观察信号灯的问题。

◎ 在北京，像北京语言大学路口这样的小型路口，停止线到信号灯的距离是 40m，都远远大于 23m，说明几乎所有路口都有这个问题，如附图 1-4 所示。

$$\frac{S_o}{(S_o+S_j)}=\frac{(3.2-1.3)}{(6-1.3)}\Longrightarrow S_j=23\text{（m）}$$

（S_o 为安全行车间距，当 v=20km/h，S_o 取值为 20m）

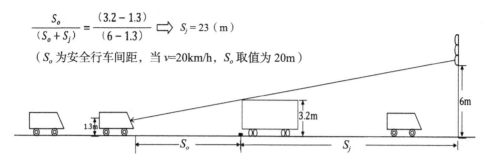

附图 1-4　路口安装信号灯辅灯的模型计算

第四课时

目标：交流分享研究成果，汇报解决方案。

交流分享研究结论，提出可行性建议。

结论：

（1）公交车在路口处遮挡后车观察信号灯是一个具有普遍性的问题，这个问题对交通安全和通行效率有很大影响。

（2）经过调查，北京市大部分路口每个方向上都只安装一组信号灯，没有辅灯。

（3）即使在少数有信号灯辅灯的路口，也存在以下问题：辅灯的形式和位置不统一；一些路口的信号灯被树木、标示牌等物体遮挡；在畸形路口，不同方向的信号灯视线互相干扰……这些情况都会影响到交叉路口的交通安全及通过效率。

建议：

（1）所有路口每个方向上设置 2 组或 2 组以上机动车信号灯，即在现有主灯的基础上在进口停止线左侧或右侧增加一组辅灯。对于仅有一条车道的路口，在进口停止线左侧或右侧加装 1 组辅灯；对于有多条车道的路口，应在进口停止线两侧各安装 1 组辅灯。对于有左转（右转）信号灯的路口，除直行辅灯外，应在进口停止线左（或右）侧与直行灯辅灯并排加设一组转向信号灯。

（2）对于目前安装有机动车辅灯的路口，如位置和数量与第（1）点不符，建议按照第（1）点进行改造。

（3）对于存在信号灯可视性问题的路口，如信号灯被遮挡，应移除遮挡物；对于畸形路口存在各方向信号灯互相干扰的情况，应加装适当的隔栅灯罩分离信号灯视线。

案例 4　FLL 项目

围绕 2019 年 FLL 机器人竞赛主题《太空之旅》开展研究，主要从选定项目—制订计划—活动探究—作品制作—成果交流—活动评价这几个步骤进行。通过此项目，引导学生了解并关注太空和航空航天的知识，研究现阶段人类在太空探索中的问题，并以此问题为出发点，通过查阅资料、专家访谈、实地考察等方法展开研究，针对此问题，提出一个创新性的解决方案，并将研究成果分享给更多人。

1. 选定项目

首先围绕赛事主题，队内每位成员交流一下前期围绕主题所做的调查、咨询、查阅，利用表格（见附表 1-1）列出自己对主题的理解和感兴趣的研究方向。然后综合每个队员的表格进行整合、归纳，进而讨论、筛选、确定本队特别关注的项目研究课题。

附表 1-1　日志记录 —— 主题方向

序号	主题方向
1	太空垃圾
2	太空食品
3	太空服装
4	宇航员的身体状况
……	……

根据队员们商量的结果，最终确定小组项目的研究主题，例如：空间碎片。

2. 制订计划

重点确定时间安排计划（每个时间段需要完成哪些任务，并在时间节点上进行项目考核）和团队成员分工（场地技术、资料查找、论文撰写、日志记录、展示创意、道具准备等），见附表 1-2。教师帮助审定学生制订的计划并进行必要的修改。

附表 1-2　日志记录 —— 研究计划

项目研究计划	
10/19/2018—10/31/2018	全面了解：资料搜寻
11/01/2018—11/11/2018	深入厘清：资料整理
11/12/2018—11/19/2018	专业视角：学者访谈
11/20/2018—12/10/2018	项目成型：问题意识
12/11/2018—01/31/2019	专业资料查询
02/01/2019—04/10/2019	寻找解决方案

3. 活动探究

（1）资料查阅

◎ 书籍资料查询（如附图 1-5 所示）。

◎ NASA（美国国家航空航天局）和 CNSA（中国国家航天局）。

附图 1-5　参考书籍

（2）调查采访

通过调查采访，了解专业人士对主题的理解等。采访了中国科学院国家天文台空间碎片预警中心首席研究员、博士生导师赵有；采访了北京大学物理学院的教授。通过专家访谈，进一步了解空间碎片对太空和地球造成的威胁。

（3）提出创新性解决方案

为团队研究课题设计一个创新的解决方案，如附图 1-6 所示。

魔法盒子：首先，发射一个捕网航天器，根据雷达定位找到太空垃圾，发射捕网，抓捕太空垃圾，用气动将太空垃圾与捕网推入大气层烧毁。无法烧毁的太空垃圾进入魔法盒子（空间站）内，分为可维修、不可维修和不需维修三种。可维修的进入维修通道，不可维修的进入粉碎通道，然后进入再生通道，不需维修的进入储藏通道。

设计一种大型空间碎片回收器。可以根据垃圾的准确定位，预设飞行轨道，在捕捉住一定数量的可回收垃圾之后，运送至空间站仓库，为空间站建设、改造、维修提供材料，实现垃圾的循环再生利用。对于没有再生价值的碎片，可设计一种空间碎片粉碎器，在将碎片摧毁的同时，像吸尘器一样采

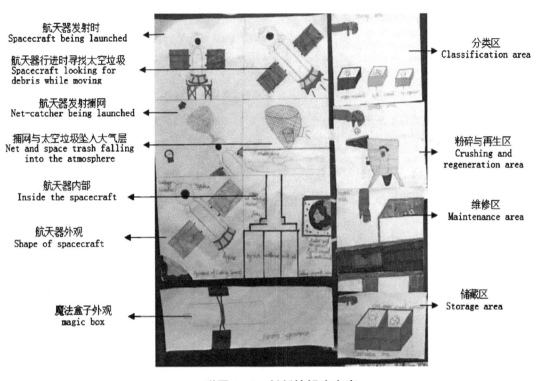

航天器发射时
Spacecraft being launched

航天器行进时寻找太空垃圾
Spacecraft looking for
debris while moving

航天器发射捕网
Net-catcher being launched

捕网与太空垃圾坠入大气层
Net and space trash falling
into the atmosphere

航天器内部
Inside the spacecraft

航天器外观
Shape of spacecraft

魔法盒子外观
magic box

分类区
Classification area

粉碎与再生区
Crushing and
regeneration area

维修区
Maintenance area

储藏区
Storage area

附图 1-6　创新性解决方案

集粉尘，防止微尘和细小碎片的漂浮。利用太阳能及其他新的能源方式，改善航天器的动能设计，使能量不断再生，延长使用年限。同时可以利用国际空间站的库存，就地对航天器进行改造与更新。

（4）日志记录

日志记录，如附图 1 7 所示。

4. 作品制作

利用器材搭建完成场地任务机器人，编写程序，并反复调试修改，如附图 1-8 所示。

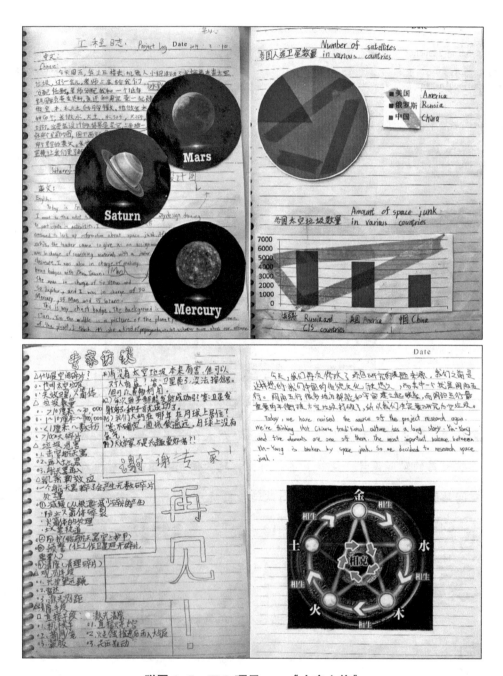

附图1-7　FLL项目——《太空之旅》

快速安装系统：
能够使策略物更流畅
地与机器人安装，减
少了安装的时间，增
加了安装的准确性。

 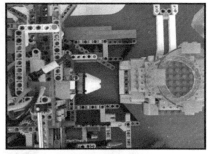

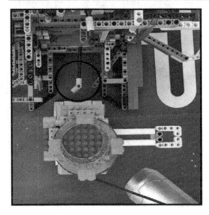 

附图 1-8　作品制作

5. 成果交流

分享团队研究成果和解决方案。

（1）利用团队成员的才艺，找到一种别人愿意接受或喜欢的方式来说明团队的研究课题和解决方案，如附图 1-9 所示。

附图 1-9　成果交流

（2）需要在比赛中介绍团队的方案，准备在比赛中的陈述，与评委分享团队的工作。陈述可以用海报、幻灯片、实物模型、多媒体作品、研究材料等形式，如附图1-10所示。在陈述尽量完整的前提下，尽可能发挥团队的创意。

附图1-10　PPT、展示海报

6.活动评价

FLL工程挑战赛对每支参赛队按机器人场地挑战赛、课题研究答辩、技术问辩、团队合作四部分进行评价。比赛总冠军将是总分最高的队伍。

（1）场地挑战赛：考查参赛队场地任务解决方案的合理性，策略正确性；考验队员压力心理、团队鼓励、沟通交流。

（2）课题研究答辩：利用多媒体设备和多种表现形式，完成关于本队在课题研究和解决方案方面的生动的陈述；必须说明本队是如何确定课题、如何创新解决方案，以及如何与别人分享自己的发现。要求全体队员参与，每位队员必须以某种方式参加项目评审会（提交研究论文报告、日志记录）。

（3）技术问辩：携带参加FLL挑战赛的机器人及计算机到问辩现场，接受评委现场提问，回答和说明程序并进行现场演示。考查机器人的创新性、机器人结构设计、机器人编程、队员解决问题的方法和策略。（需提交：与机器人挑战赛有关的技术资料——光盘、技术档案等）。

（4）团队合作：团队合作部分将评价参赛队在整个比赛中的精神面貌、道德风貌以及宣传展示形象（需要参赛队进行本队和学校的宣传活动，需要设计相关的宣传材料，比如展示画、服装、礼品等）。

案例5

在机器人、单片机课程逐步充实发展的同时，学校结合中低年级学生的特点、STEAM 的课程理念和已有课程的经验，我们于 2016 年在三年级开设了"小小创客"课程。让学生们自己组建团队，从身边生活发现问题。通过头脑风暴，主动学习应用多学科知识，分析设计解决方案。并借助相关材料进行创造创新，最终解决问题形成产品，并大胆分享推广产品。

第一课时

目标：组建小组、计划分工、确定主题。

活动：在项目学习初始，学生们四至六人组成自己的小组团队，并选出团队组长。在组长的带领下，围绕项目主题，展开讨论交流，思考本组所要确定的主题。

第二课时

目标：根据本组主题完成作品设计图。

问题：主题的设计来源？创意之处？实现的功能？然后绘制本组的创意作品设计图，如附图 1-11 所示。

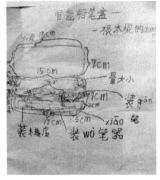

附图 1-11　作品设计图

第三课时

目标：各小组将设计图完成之后，根据教师提供的材料（木条、锯条、锉刀、胶枪、装饰物等）以及小组人员的特征，分工合作，初步完成作品的模型制作，如附图 1-12 所示。

附图 1-12　作品模型

第四课时

目标：借助 Arduino 主控板以及传感器，进行简单的编程控制，实现创意作品智能化。

问题：创意作品能实现什么功能？所提供的电子器件可以辅助你的创意作品实现什么功能？（配上单片机小组的作品图）

第五课时

目标：交流分享研究成果。

活动：各小组进行项目汇报，展示分享小组团队研究成果。

第一组同学利用演示文稿进行演讲展示，如附图 1-13 所示。我们发现学

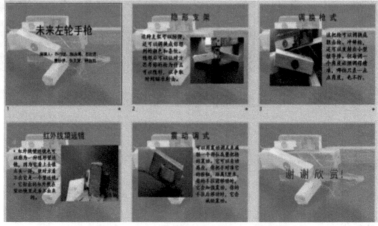

附图 1-13　项目汇报——演示文稿

生们在设计制作过程中，主动向父母老师求教，学习了涉及领域且非课本内容的知识，在演讲分享时大胆自信，深受同学们的赞赏。

第二组同学采用小剧表演的形式，将对生活的发现、问题的思考、有趣的创意通过生动的表演呈现，获得了大家的认可，如附图 1-14 所示。

附图 1-14　项目汇报 —— 小剧表演

第三组同学采用海报的形式，把小组的创意作品结合对未来生活的憧憬，运用图画的形式保存下来，并分享给大家，获得大家的认可，如附图 1-15 所示。

附图 1-15　项目汇报 —— 海报

3. 效果测量

教学评价主要包含阶段性评价、过程性评价和终结性评价。

（1）阶段性评价

项目制作包含三个阶段：第一阶段是基础实验阶段，该阶段应该是每个学生都能够达到的阶段；第二阶段是提高阶段，在第一阶段的基础上进行探索；第三阶段是创新阶段，对已有的程序、结构进行改进创新。针对这三个阶段分别进行教学效果评价和学生互评。

（2）过程性评价

通过平时的机器人项目手册记录项目制作的过程，对制作过程、小组分工与合作、计划安排等方面进行过程性评价，见第三章第二节表 3-3 评价量规。

（3）终结性评价

将期末最终作品进行展示，并开展小组互评和教师评价。

4. 资料分析阶段

将研究所得的资料与数据进行统计与分析，获得研究发现，并进一步讨论得出相关结论。

问卷调查

为了了解学生们对于这种新的学习模式的认识和适应情况，对实施项目学习的班级进行了动态考察，包括学生对项目学习课程的态度、学生解决某个问题或完成某项任务过程中所面临的困难、所使用的方法以及在基于项目的学习过程中的表现等，并要求他们对不满意的方面提出意见和建议。从多个角度收集到了较为有效的数据资料。

调查问卷

亲爱的同学:

你好! 本问卷旨在调查和分析项目学习课程的基本情况。请你根据调查表的内容如实填写。感谢你真诚的合作!

1. 你对学习项目学习课程感兴趣的程度 (　　)

A. 很感兴趣　　　　　　　　　B. 感兴趣

C. 一般　　　　　　　　　　　D. 不感兴趣

E. 很不感兴趣

2. 通过基于项目的学习活动,你认为你的哪些技能得到提高 (多选)(　　)

A. 自主探究能力　　　　　　　B. 阅读和表达能力

C. 与他人合作的技能　　　　　D. 信息技术知识技能 (Word、PPT 等)

E. 创新能力　　　　　　　　　F. 提出问题和解决问题的能力

G. 不能培养任何能力

3. 你在基于项目的学习活动中,使用的资源主要来自于 (多选)(　　)

A. 教师给定的资源　　　　　　B. 自己查找的网上资源

C. 图书馆　　　　　　　　　　D. 不使用

4. 你在基于项目的学习活动中遇到的最大困难是 (　　)

A. 可利用的教学资源少　　　　B. 无基于项目学习的技巧和经验

C. 交流困难　　　　　　　　　D. 缺乏信心

E. 时间不够

5. 与其他方式相比,基于项目的学习方式对你影响最大的是 (　　)

A. 使自己更积极地学习　　　　B. 带来更大压力

C. 引导更多思考　　　　　　　D. 促进理解

6. 在基于项目的学习中你会吸收并接纳同学给你的建议吗？（　　　）

A. 会　　　　　　　　　　　　B. 只吸收最好的

C. 不会　　　　　　　　　　　D. 看情况

7. 在本学期的学习中，你认为你最大的收获是（　　　）

A. 愿意发言了　　　　　　　　B. 对学习有兴趣了

C. 愿意帮助同学了　　　　　　D. 学会了信息技术的相关知识

8. 你在基于项目的学习过程中是否帮助其他同学？（　　　）

A. 经常　　　　　　　　　　　B. 有时

C. 偶尔　　　　　　　　　　　D. 根本不

9. 你在平时项目学习过程中，你的平时表现是怎样的呢？（多选）（　　　）

A. 自己能够查找所需资料　　　B. 乐于发表意见

C. 请教老师　　　　　　　　　D. 相互探讨问题

E. 为他人提供指导和帮助　　　F. 上课专心听讲

G. 按时完成任务

效果分析

本次问卷调查，主要针对三至五年级学生，下发问卷 101 份，回收 101 份。附表 1-3 显示了项目学习课程的感兴趣程度。

附表 1-3　项目学习课程的感兴趣程度

感兴趣程度	很感兴趣	感兴趣	一般	不感兴趣	很不感兴趣
学生人数	21	62	15	2	1

阅卷调查结果表明，经过项目学习课程的实践，大部分学生对基于项目的学习模式表现出浓厚的兴趣。"以学生为中心"的基于项目的学习模式让更多的学生把项目学习的课程看作是喜欢的事情；大部分同学对这些课程比较感兴趣，这也证明了新模式在提高学习兴趣上的优越性。

根据附图 1-16 可知，基于项目的学习模式能够培养学生的大部分能力，这说明全班学生对基于项目的学习所能培养的诸多能力存在较大的认同感，这种学习模式给学生创造了更多实践操作的机会，让学生可以查找、获取大量的网络资源和练习使用相关的软件，能够培养学生的操作技能。与此同时，学生对基于项目学习模式能够培养自主探究能力、与他人合作的技能，信息技术知识技能认同率较高，这也是符合常理的，基于项目的学习模式，由于引进了小组合作学习，与他人合作的机会增多了，从而培养了与人合作的技能。另外，学生在基于项目学习的过程中，有更多自己分析问题、自主探究、辨别是非的机会，能够充分发挥自己的想象力去创作作品，培养了自主探究能力以及创新能力。

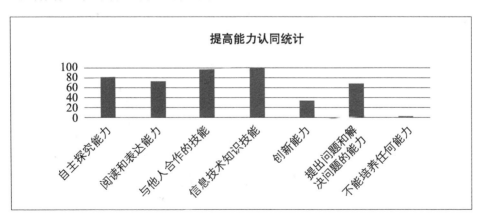

附图 1-16　项目学习提高能力认同的统计

如附图 1-17 所示，学生在项目学习中，遇到的最大困难是时间不够，这说明实施项目学习需要以小组的形式，每个人都需要有分工和合作，如果哪个环节出现问题，都有可能影响整个项目的推进。而传统的教学方法对学生来说比较熟悉，面对新的项目学习，学生们还需要适应。

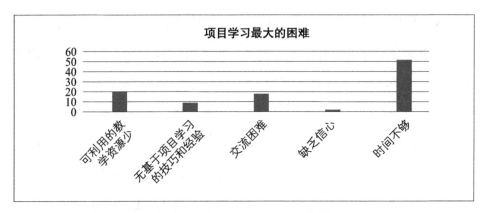

附图 1-17　学生项目学习最大的困难统计

从附图 1-18 可以看出，大部分学生都表现比较积极，能够自己查找相应的资料，相互探讨问题，上课专心听讲，按时完成所分配的任务，这说明项目学习模式可以调动学生的内在动机，让同学们积极参与其中。

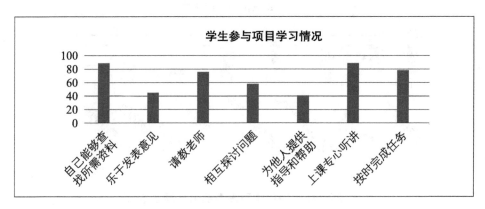

附图 1-18　学生参与项目学习情况

五、研究结论

基于项目的学习能充分调动学生学习的积极性。基于项目的学习模式与传统教学的不同之处在于，在项目学习中学生真正成为学习的主人，不再是传统教学中纯粹的知识接受者。在项目学习中，学生是带着任务去学习的，从选择项目到计划流程，再到项目的实施，最后到作品的完成，都需要学生的全程参与，亲力亲为。基于项目的学习是由"要我学习"变成"我要学习"，因此基于项目的学习能充分调动学生学习的积极性。

基于项目的学习能促进学生综合素质和能力的提高。在开展项目的过程中，初始阶段采用的是分组合作，中后期阶段是独立制作作品，这就要求学生在作品的形成阶段，既要互相协作、交流分享，也要独当一面、各具特色。尤其是在作品的分享阶段，学生需要向别人展示和介绍自己的作品，这对他们的思维能力和表达能力是一种锻炼。所以基于项目的学习使学生的综合能力和素质都得到了很大的提升。

六、主要成果

基于项目学习的新版校本机器人教材正式出版；多节次教学案例设计、教学课堂实践；相关研究论文获奖、发表；抓住课题研究契机，积极参与全国、市区级各级教育科研专题讲座发言、课堂实践研究展示等多项交流活动，总结提炼、推广展示课题组在科学研究、课堂实践、科技社团等多领域的研究进展和取得的部分成果。

七、问题与思考

小学阶段展开项目学习，项目的驱动性问题生成是有一定困难的，尽管借助本次研究已经做了些许尝试，但是在后续实践研究中需要持续关注并进行深入研究。

基于项目学习过程中，在实践中继续制定规范的评价标准，促进对于整个项目学习进行正确及时的评价；同时借助评价结果进行科学分析，仍需实践中的进一步思考。

··附录二　基于项目驱动性问题的思考研究··

项目学习的问题驱动、持续探究、指向核心知识等重要的特征使得它具有很强的系统性设计驱动性问题的原则：能激发学生的兴趣；开放性的；能直指某个科目或领域的核心内容。

挑战性的驱动性问题引发学生的高阶思考，提供给学生一个广阔的多维度探索空间。引发学生思考和探究的一个具有挑战性的驱动性问题，能够促进学生高阶思维的运用，让学生在高阶学习中内化知识、提高能力。通过富有挑战性的驱动性问题，增加跨学科项目化学习探究的持续性，提高学生思维的广度和深度，提升创造创新能力。

项目学习中驱动性问题的生成策略研究 —— 以小学机器人课程教学为例

课题研究内容

在小学机器人课程中开展项目学习，通过具体项目的实践，来探讨如何在小学机器人课程中进行项目学习，更好地促进学生的发展成长；并且针对项目学习中的驱动性问题，重点研究教学中实施哪些策略可以促进项目学习中驱动性问题的生成，促进学生学习并进行实践总结，为小学机器人课程中开展项目学习提供有力的和可靠的参考。

课题研究目标

1. 在小学机器人课程教学中引入项目学习方式

在小学机器人课程教学中引入项目学习方式，能够促使多门学科知识融合，顺利有效实施跨单元、跨学科的融合学习；并且通过项目学习活动，有效地培养学生的动手能力、逻辑思维能力、创造能力、交流能力、合作能力、管理能力等多方面能力；完善创新机器人校本课程中教学内容、教学目标、教学模式、教学评价等方面内容，促进机器人课程从学生需要出发，在真实情境中借助多重选择、多种资源、多样评价来促进学生学会学习。

2. 总结项目学习中驱动性问题的生成策略

注重项目学习中驱动性问题的生成，并将其生成策略进行实践总结，能够促进基于项目学习的机器人课程的顺利深入开展，促进学生主动探索、自主学习；提升学生的动手实践和创新创造能力；完善创新机器人校本课程，促进教学模式、教学评价等方面的变革创新；实现多学科融合，跨学科合作，推动学校课程改革和精品课程深入。

一、研究背景

（一）背景与现状

1. 源于生活的项目学习法

重视能力的培养离不开真实的情境设置，项目学习的特征是在真实情境中学习，因此基于项目的学习的主题一般要涉及多门学科知识的运用，其四大要素是：内容、活动、情境、结果。

项目学习的方法以学习研究某种或多种学科的概念原理为中心，以项目实现为目标，借助多种资源开展活动，在一定时间内解决一系列相关联的问题，以学生为主体，让学生不仅在学习知识、应用能力，更有机会成为某一项目的领导者，在团队中去完整地体验一个项目的过程，有助于体现教育教学需要的学科融合以及最基本的解决问题的诉求，让学生自由地发展其创新能力，去发现问题，并且模拟社会生活中的团队协作，实现项目。

2. 机器人课程教学中进行项目学习

机器人课程教学中的项目，有三个要求：一是挑战性项目。适当的具有挑战性的项目，有一定的难度，这样，既能激发学生的学习兴趣，又不至于让他们完不成项目，从而使之获得成功的体验。二是真实的项目。解决学习和生活中的实际问题，激发学生强烈的学习兴趣，同时在解决项目问题的过程中，学生学会与人沟通交流，从与人团结协作的过程中获得益处。三是综合的跨学科的项目。在完成挑战性的真实项目时，学生需要熟练运用综合的跨学科的知识。

（二）存在问题

机器人是一门多学科融合，强调动手操作的课程，目前开展机器人教学的学校普遍采用任务驱动法、讲授演示法、讲练结合法这三种教学方法进行教学。这些方法更适合于机器人基础知识内容与简单技能掌握的教学，而难以促进学生创新能力的形成与发展。因此，机器人教学中逐渐引入项目学习方式，给予学生更多空间锻炼提升其综合能力素养。

在机器人课堂中的项目学习并不意味着教师完全放手，尤其是对于小学课堂，教师需要提出问题，用问题引导学生在机器人课堂上围绕项目主题主动去探索项目。因此各学生小组团队选定项目的时候就需要教师提出驱动性问题，此驱动性问题与教学目标密切相关，关系到激活学生思维以及学生后续活动开展、深入学习的效果。但是在现实的机器人课堂项目教学中，因诸多原因，使得有价值、有意义的驱动性问题的提出存在困难，这直接影响了机器人课堂教学的质量。

可以将现如今的小学机器人课堂教学存在的问题归纳如下：

①项目学习如何在小学机器人课堂中实施？

②在机器人课堂的项目学习中，如何生成有效的驱动性问题引导学生学习？

（三）意义

项目学习模式从产生到发展成为今天一种重要的教学模式，有着重要的研究意义，对于义务教育阶段更是意义非常。项目学习强调学科的综合，强调学生之间的合作，主张让学生在真实情境中主动探索，培养学生搜集、处理信息的能力，解决问题的能力以及交流与合作的能力。

项目学习整个流程中有一个微小却关系着整体成败的部分——能够提出有价值、有意义的驱动性问题。有效的驱动性问题能够引领学生主动探索，激活学生思维，支持项目学习顺利深入开展。因此具体研究项目学习中的驱动性问题生成策略，即如何生成有效的驱动性问题，为更多的一线教师提供了驱动性问题的生成策略，让他们参考实施，促进教学中项目学习的开展。

二、文献综述

1. 项目学习

卢晓琦、秦健提出项目教学在"小学乐高机器人"知识型课程中运用的可行性，机器人教学由于其教学工具和内容的特殊性，学生在学习和完成机器人项目的过程中往往需要用到数学、机械、电子、工程等多学科的知识。教师在设计教学过程中，需要在项目教学的基础上，融入 STEAM 教育理念，以更好地开展机器人教学活动。在学生完成项目的过程中，教师通过恰当引导，融入 STEAM 理念，可以让学生在学习机器人的过程中培养跨学科思维等综合技能；指出要实现机器人教育培养学生创新素养的核心价值，必然要走向创造这一条道路，所以机器人教学需要分阶段进行，学生需要经历模仿—微创新—创新的阶段；机器人课程要注意收集学生在这些过程中所提出的"生成性资源"，随时调整教学。[①] 柴晓梦认为

---

① 卢晓琦，秦健 . 基于 STEAM 理念的小学机器人项目教学实践——以 LEGO 机器人 "驾考宝典" 项目为例 [J]. 中小学电教，2018(Z2): 76-79.

以问题为导向的项目式学习模式可以更加有效地激发学生学习机器人的兴趣，培养学生的问题解决能力和创新实践能力。[①]卢晓琦、秦健提出基于 PBL 的 VEX 机器人比赛备赛过程的模式构建，VEX 机器人竞赛选手准备过程模式中包括三个阶段，即前期、中期和后期。[②]陈璇认为项目学习是一种综合性的课堂教学和学习方式。它遵循学生的认知发展规律，尊重学生的个体差异，倡导合作、探究、创新，提升学生发现问题和解决问题的能力。[③]游畅通过基于项目式学习的 Scratch 学习实践，对课程内容进行"项目化"或"问题化"处理，开发课程学习资源，让学生利用各种资源工具进行合作学习，加强对学科知识的深度理解，进一步重构或巩固所学知识。[④]杜雪丽提出小学信息技术"项目学习"中从"重技能"走向"思维教育"的主题式项目学习探究，初步总结了一些项目学习开展实施方法和途径。[⑤]袁晓芳采用"项目式学习"的教学模式，让学生通过小组合作的形式利用一个学期的时间来完成一个项目作品，既让学生学习了课程标准要求的知识和技能，同时也增强了学生团队合作的能力，提高了学生分享

[①] 柴晓梦 . 基于 PBL 的翻转课堂在机器人教学中的应用——以"人形机器人"课程为例 [J]. 中国信息技术教育，2018(13):52-55.

[②] 卢晓琦，秦健 . 基于项目式学习 (PBL) 的 VEX 机器人比赛选手准备过程模式构建 [J]. 中国教育信息化：高教职教，2017(9):79-81.

[③] 陈璇 . 基于项目式学习的小学生核心素养培育——以"基于项目学习的 S4A 校本课程"为例 [J]. 教育现代化，2017(18):250-251, 254.

[④] 游畅 . 基于项目式学习的 Scratch 教学实践应用——以游戏项目为例 [J]. 广东教育：综合版，2018(2):57-58.

[⑤] 杜雪丽 . 小项目 大智慧——小学信息技术主题式项目学习初体验 [J]. 中国信息技术教育，2017(13):35-37.

交流信息的意识，激发了学生的学习兴趣。① 张凌云提出项目式翻转课堂教学模式下学生参与度的策略和建议：激发学生学习兴趣、搭建适宜的学习环境、保持信息通畅、精心设计组织资源和活动、设置激励机制关注学生差异。② 刘华提出在教学中，项目式学习可以极大地促进学生进行自主学习以及深度学习：借助微课，培养学生的自学能力；用好学案，引领学生主动学习；分工协作，开展小组互助学习；实施评价，促进学生努力学习；依托平台，延伸学生探究学习。③ 邬彤将基于项目的学习应用于信息技术教学中，符合信息技术"实践为主、面向实用"的学科特点，为培养学生的信息素养、创新能力、自主学习能力、合作能力、解决问题的能力提供了一个可操作的实践平台。④

2. 驱动性问题

驱动性问题是指由项目主题和课程标准凝练而成的，能够激发学生参与，并且能帮助他们在项目过程中聚焦目标的问题或问题链。驱动性问题既可以来自教师给定或引导产生的教师驱动性问题，也可以来自学生在学习过程中产生的学生驱动性问题。驱动性问题是促进学生思考与探究活动开展的源头，好的驱动性问题应该具有可行性、有价值、情境化、有意义、可持续性的特点。

① 袁晓芳. 宝昌一中信息技术课程教学改革实践研究 —— 以"项目式学习"为例 [D]. 呼和浩特：内蒙古师范大学硕士学位论文，2017.
② 张凌云. 项目式翻转课堂教学模式下学生参与度研究 —— 以华师一附中信息技术课为例 [D]. 武汉：华中师范大学硕士学位论文，2015.
③ 刘华. 浅谈初中信息技术项目式学习策略 [J]. 中小学电教，2018(3):45.
④ 邬彤. 基于项目的学习在信息技术教学中的应用 [J]. 中国电化教育，2009(6)：95-98.

　　驱动性问题是项目式学习的核心与灵魂。一个好的驱动性问题，应该参考如下原则：一是具有挑战性，能够激发学生的兴趣，有利于深度投入；二是具有开放性，需要学生具备高阶思维，能够对信息进行整理、综合、分析和批判性评价；三是能够直指某个学科的核心内容，需要学生得到科学的证据，引导学生掌握课程标准要求的知识、技能和方法。一个综合实际问题作为项目开始的驱动，通过工程学中的逆向思维对项目进行分析，就可以较充分地拆解出子项目。任荣丽认为驱动性问题是在教学工作开展前设计好由学生和教师共同探讨、能驱动课堂教学顺利开展、驱动学生主动思考、有利于学生思维能力的培养和提高的问题。[①]驱动性问题能够驱动学生通过搜集数据利用已有资料形成对疑问的解释，这样不仅能够使学生融入整个教学活动，也能够使学生从探究问题过程中表现出思维的多端性，并在此基础上能够提出新的疑惑，继续解答。驱动性问题应该具备以下六个特征：道德性问题、科学性特征（可持续性）、有效性特征（可行性）、情境化特征、价值性特征以及有意义特征。彭飞娥认为一个好的驱动性问题应该具备以下几个特点：首先，它在现实生活中有可行性。驱动性问题应该从学生现有的认知水平和已有的生活经验出发，学生能够设计并通过实施科学的探究回答它。其次，生活的情境化。它应该源于生活的实际问题，源自于学生的真实世界，而不是凭空想象出来的。最后，可持续性，具有开放性。驱动性问题应该能激发学生对于探究、解决问题的兴趣，并维持学生对项目任务的深化。而且驱动性问题与课程标准应保持

---

① 任荣丽.高中生物教学中"驱动性问题"设计的比较研究 [D].临汾：山西师范大学硕士学位论文，2016.

一致。[①]张玉新指出驱动性问题的设计要坚持思考性、启发性、探究性、生成性、创新性的原则：设计的问题要能引发学生提出新的问题，有助于学生对问题的探究。教学中重要的是在教师的启发和指导下，学生能主动思考问题、发现问题、揭示问题、产生新问题的思维活动过程。[②]彭芬提出"驱动性问题链"是一系列层层推进的问题，驱动性问题链能展现知识的学习过程，揭示了解决问题的思想方法，使问题的解决过程具有普遍的知识性和方法论的意义。"问题链"的设计应关注以下几个方面的问题：①明确本节课的教学目标，这是问题链的设计依据；②设计的"问题链"要突出本节课的重点、难点；③设计的"问题链"要有驱动性，出现时要能够引起学生的注意和兴趣；④"问题链"的顺序要符合学科知识的顺序，也要符合问题解决的逻辑顺序和学生的心理发展顺序；⑤"问题链"不仅帮助学生建构知识，而且启发学生的思维，培养解决问题的能力，"问题链"设计完成后还要从培养学生科学素养的高度来审视。[③]胡久华、郇乐认为"驱动性问题链"是一串层层推进的问题，是解决问题的阶梯。"驱动性问题链"中的每一个问题都需要具有一定的驱动性效果，问题与问题之间具有逻辑性和激发性，能展现和揭示学习过程与思想方法。要设计出高质量的促进学生认识发展的驱动性问题链，教师需清楚核心教学内容的构成要素和要素之间的逻辑关系，明确教学内容各个部分的构成要素与学

---

① 彭飞娥. 驱动性问题和任务设计策略 [J]. 教育，2015(46):74-76.
② 张玉新. 课堂教学中驱动性问题设计初探 [J]. 新校园（中旬），2015(6):56.
③ 彭芬. 基于驱动性问题链的高三化学教学实践研究 [D]. 南京：南京师范大学硕士学位论文，2014.

生已有认识之间的关系，从而确定提出问题的角度。[①]

　　国内关于项目学习的实践应用研究较多，主要是阐述项目学习的理论，以及开展项目学习的过程模式，但是重点关注项目学习中的驱动性问题的研究较少，关于驱动性问题的生成策略的研究几乎没有。大多数文章主要聚焦在某一学科的驱动性问题的设计上，以具体案例中的问题进行评估，强调驱动性问题的重要性和有效性，根据具体实例体现驱动性问题在课堂教学中的作用。同时项目式学习应用在数学、语文、科学等科目为多，在信息技术课程中，项目式学习主要应用于机器人竞赛教学、Scratch 编程教学、创客教育以及总体的教学思路，但关于小学机器人课堂教学中的驱动性问题没有专门的研究。

3. 确定生成策略

（1）生成策略定义

　　驱动性问题应该是课堂教学中的核心问题，是教学目标中的重点、难点。驱动性问题将学生引入项目情境，用问题来驱动学生持续不断思考、探究，从而推动课堂教学的持续、顺利、高效进行，达成教学目标的要求。因此本研究中的驱动性问题生成策略，就是指如何生成可行的、有价值的、有情境的、吸引学生的、有意义的驱动性问题的方案集合。

（2）生成策略依据：问题链、思维导图

　　项目学习中的驱动性问题不是唯一的，而是可持续的，具有连续性。一个项目中的驱动性问题围绕课程目标，在课程内容的深入展开过程中层

[①] 胡久华，郇乐 . 促进学生认识发展的驱动性问题链的设计 [J]. 教育科学研究，2012(9):50-55.

层递进，不断深入，并且紧密联系。而在教学实践中，我们通常会以逐级深入的问题链来引导学生循序渐进，深入认知、发现问题。在紧密联系的问题链引导下，伴随学生的知识逐步深入建构，就能够极大促进学生新的发现、新的思考，进而大大促进新的驱动性问题的生成。

思维导图作为一种促进人们思维、创新、记忆以及知识建构的工具，以树状图结构清晰地呈现各级主题之间的层级关系和思维顺序。教师可以借助思维导图引导学生持续地从已有的知识中获得新的知识，进行整合建构，完善已有知识体系；同时帮助学生从多角度、多方面思考解决问题，促进学生发散思维和创新思维的发展。因此在项目学习中引入思维导图不仅能够更好地帮助学生进行新旧知识间的建构，还能够清晰呈现学生思维的层层深入过程，能够促进其自主学习和合作学习中对知识分析、检验、批判、建构，进而更好地促进引导其继续深入学习的驱动性问题的生成。

三、研究设计

（一）研究问题

本研究的研究问题是确定应用问题链和思维导图两种驱动性问题生成策略的有效性。

（二）研究对象

本研究的研究对象是北京大学附属小学四年级两个班的学生。

（三）研究方案

如附图 2-1 所示，在选取的两个班级中均实施同样的项目学习案例。

A班在项目学习中驱动性问题的生成过程中应用思维导图和问题链策略进行引导生成；B班在项目学习中驱动性问题的生成过程中不应用思维导图和问题链策略进行引导生成，一般由教师给定驱动问题。

准备
（筛选分析内容，选取项目主题，明确教学目标，假设若干生成策略）

前测
（在未实施假设的项目中，通过调查问卷等方式对师生进行调查统计，记录相关数据1）

相关文献资料
已有实践经验积累

后测
（在实施假设的项目中，通过问卷等方式对师生进行调查统计，记录相关数据2）

验证
（对比分析前后数据，以验证预设生成策略是否有效促进驱动性问题的产生）

评价
（利用问卷、访谈等对项目学习中驱动性问题的生成进行调查统计，借助数据分析验证评价生成策略的有效可行）

整理总结项目学习中驱动性问题的生成策略，为小学信息技术"大"课程教学提供参考。

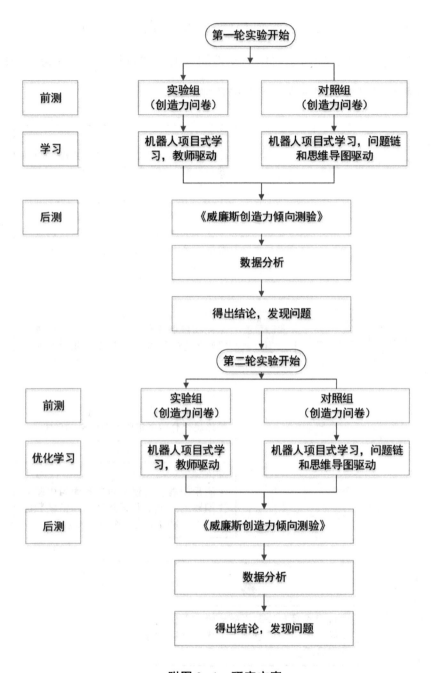

附图 2-1　研究方案

（四）研究工具

《威廉斯创造力倾向测验》是用来测量人的创造潜能的，包括冒险性、好奇心、想象力、挑战性四个分量表。冒险性、好奇心、想象力、挑战性这四个方面都是人的创造力发展中重要的思维特点和个性特点，从这四个方面考查可以很好地预测人的创造力水平。

1. 冒险性

冒险性包括：（1）勇于面对失败或批评。更注重查知事实真相或体验新事物而不害怕"丢面子"。（2）敢于猜测。当对面临的情况不了解时，喜欢参照以往的经验给予推测，而不是等待他人给予解释说明。（3）在杂乱情境下完成任务。当面临的情况较为复杂烦琐，尚未理清次序时不会感到厌烦、焦虑，而是可以平静、理智的思考和选择解决问题的策略。（4）敢于为自己的观点辩护。不轻易接受他人的观点，愿意提出自己的观点和论据公开论证。

2. 好奇心

好奇心包括：（1）富有追根究底的精神。不满足于知道事物表面的现象，对于了解现象产生的原因有深切的渴望。（2）主意点子多。思维的发散性好，并且乐于寻找与众不同的解决问题的方法。（3）乐于接触暧昧、迷离的情境。不会因为情况不明晰而感到失去内心的平衡，相信暧昧、迷离状态是复杂问题解决的必经阶段。（4）肯深入思考事物的奥妙。对于事物的因果关系感兴趣，并且乐于通过自己的观察和思考寻求事物之间的种种联系。（5）能把握特殊的现象，善于观察，善于发现事物之间的相同点和区别，对于特殊现象具有敏锐的观察力。

3. 想象力

想象力包括：（1）建立视觉化的形象。善于根据语言或文字的描述在头脑中建立关于事物的形象，并可以熟练地对头脑中的事物形象进行加工、处理。（2）幻想尚未发生过的事情。对于未发生的事情善于在头脑中预演其可能的发生过程。（3）善于利用直觉推测事物的原因或结果。（4）能够超越感官及现实的界限，对已知信息进行分析、重组，产生新的创见。

4. 挑战性

挑战性包括：（1）寻找各种可能性来解释或解决问题。（2）了解事情的可能与现实间的差距或弄清楚初始状态与最终状态之间的差距，以便找出可以使两者联系起来的线索。（3）能够从杂乱中理出秩序。善于分析混沌状态之中的规律性线索，抓住关键因素，使事物由杂乱状态变为秩序状态。（4）愿意探究复杂的问题。喜欢同时面对多因素、多条件的问题情境，并能保持清晰的思路。

四、机器人课程中驱动型项目式学习的第一轮优化与应用

（一）第一次实验研究过程

1. 准备阶段

（1）对象选取

研究对象是四年级两个班学生（A、B两个班级，共65人）。

（2）项目案例

基于项目学习的机器人教学案例（选定项目—制订计划—活动探究—作品制作—成果交流—活动评价）。以具有挑战性、真实的项目实

现为目标，引导学生在增强动手操作能力的同时，在解决真实生活中的问题过程中，主动运用多学科知识，拓宽思维、不断创新，大大提升其发现问题、解决问题的创造创新能力，以及团队合作、项目管理的能力。

【项目一】围绕"小车"主题展开，共有四部分：《我们的小车 —— 结构组建》（具体设计见附表 2-1）、《小车停下来 —— 棘轮结构》（具体设计见附表 2-2）、《小车机器人 —— 马达编程图标的使用》（具体设计见附表 2-3）、《生活中的智能道闸》（具体设计见附表 2-4）。

第一课时

目标：组建小组、计划分工、确定主题。

问题：本组的创意小车。

附表 2-1　第一课时研究设计

	教师给定驱动问题	干预策略应用	学生驱动问题生成	重点研究方向
A 班	创意小车什么样？	思维导图	①生活中常见的小车、太空探索概念车、艺术绘画创意车等；②四轮车、两轮车、独轮车等；③各种不同用途的车；④车的结构、运动、速度等……	①小车的不同结构；②不同结构运动的稳固和流畅
B 班	创意小车什么样？	无	生活中常见的四轮汽车	四轮小车的搭建稳固和前进运动

第二课时

目标：进行合作学习探究，学会应用棘轮结构。

问题：小车如何在坡道上不借助第三方外力的情况下停下来？

附表 2-2　第二课时研究设计

	教师给定驱动问题	干预策略应用	学生驱动问题生成	重点研究方向
A班	无	思维导图问题链	①小车如何停下来？②能否在坡道上停下来？	①观察总结不同结构的特点以及运动影响因素；②小车在坡道上停下来需要哪些条件？③棘轮结构
B班	小车如何在坡道上不借助第三方外力的情况下停下来？	无	无	①四轮小车在坡道上停下来需要制动装置；②棘轮结构

第三课时

目标：知道机器人的概念，学会简单编程控制小车机器人。

问题：小车如何成为真正的机器人？

附表 2-3　第三课时研究设计

	教师给定驱动问题	干预策略应用	学生驱动问题生成	重点研究方向
A班	无	思维导图	①现在的小车是机器人了吗？②如何让我的小车更智能？	①讨论总结机器人的特征；②尝试探索程序控制小车
B班	如何让小车成为真正的机器人？	无	无	①明确机器人定义；②学会简单程序编写控制小车

第四课时和第五课时

目标：学会涡轮蜗杆和传感器的使用，理解分支循环程序。

问题：如何让车辆道闸更人性化？

附表 2-4　第四、五课时研究设计

	教师给定驱动问题	干预策略应用	学生驱动问题生成	重点研究方向
A班	无	思维导图问题链	①机器人在生活、军事、医疗的应用； ②机器人在生活中（交通、家庭、娱乐、学习等）的应用； ③无人驾驶汽车； ④生活中常见的供车辆出入的社区门口、停车场等处的智能道闸	①生活中的道闸有什么功能？ ②生活中的道闸的工作原理是什么？ ③能否让道闸变得更智能？ ④程序编写的顺序、分支、循环结构
B班	生活中供车辆出入的道闸是什么样的？	无	①底座、抬杆组合； ②使用电机、传感器	①搭建道闸基本结构； ②利用传感器进行程序编写

第六课时

目标：交流分享研究成果。

活动：各小组进行项目汇报，展示分享小组团队研究成果。

【项目二】围绕"身边的交通"主题展开，共有四部分：《观察身边的交通》、《模拟身边的交通》（具体设计见附表 2-5）、《解决身边的交通问题》（具体设计见附表 2-6）、《分享方案发现》。

第一课时

目标：组建小组、计划分工、观察生活。

问题：身边的交通。

学生们三至四个人组成自己的小组团队，并选出团队组长。然后各小组同学商议后对学校或家附近的一个红绿灯交通路口进行实地观察，利用文字、图片、短视频等形式记录交通存在的现象和问题。

A班学生各小组借助思维导图把本组成员的观察进行汇总整理。

第二课时

目标：小组成员汇总问题，找到小组的驱动性问题。

问题：小组驱动问题的确定。

附表 2-5　第二课时研究设计

	教师给定驱动问题	干预策略应用	学生驱动问题生成	重点研究方向
A班	无	思维导图问题链	①观察的问题：路口行人、自行车闯红灯；红灯时间过长；某个方向车流量大，特别拥堵…… ②可能的解决办法：法规教育、人员值班提醒、指示牌提醒、警示声音提醒、路口红绿灯时间调整、车流检测…… ③通过智能控制的方式解决	①交通问题的解决办法：法规教育、人员值班提醒、指示牌提醒、警示声音提醒、路口红绿灯时间调整、车流检测…… ②利用智能控制的方式解决路口问题
B班	生活中交通路口的问题如何解决？	无		利用运动传感器进行程序编写和智能控制

第三课时

目标：模拟利用智能控制方式解决存在的交通问题。

问题：智能控制方式解决问题。

附表 2-6　第三课时研究设计

	教师给定驱动问题	干预策略应用	学生驱动问题生成	重点研究方向
A班	无	问题链	①通过多种智能控制的方式解决； ②提出新的解决方案	①通过多种智能控制的方式解决； ②改进解决方案
B班	生活中交通路口的问题如何解决？	无	利用传感器检测来解决路口交通问题	利用运动传感器进行程序编写和智能控制

第四课时

目标：交流分享研究成果。

活动：各小组进行项目汇报，展示分享小组团队研究成果。

2. 实验阶段

（1）阶段一：项目学习实施前，进行对象前测

在项目学习实施之前，利用《威廉斯创造力倾向测验》对 A、B 班学生进行前测，记录相关数据。

前测结果：利用《威廉斯创造力倾向测验》问卷对 A 班、B 班分别在冒险性、好奇心、想象力和挑战性四个维度及创造力潜力总分进行检测，得知这两个班级在创造力总分及冒险性、好奇心、想象力和挑战性四个维度上都不具有显著差异，结果显示参加测试的两个班的学生在发现问题、解决问题，特别是创造性的解决问题能力方面水平相近。由此可判定，两个班级在机器人项目学习课程进行之前的创造力水平较为一致。

（2）阶段二：实施项目学习，进行策略干预

机器人课堂中在 A、B 班实施项目学习案例，A 班在项目学习中驱动

性问题的生成过程中应用思维导图和问题链策略进行引导，促进驱动性问题生成；B 班在项目学习中驱动性问题的生成过程中不应用思维导图和问题链策略进行引导生成，一般由教师给定驱动问题。

（3）阶段三：课程结束，进行后测记录

经过项目学习之后，利用《威廉斯创造力倾向测验》对 A 班（项目学习中的驱动性问题生成进行策略干预）和 B 班（项目学习中的驱动性问题生成不进行策略干预）进行后测，结果如附表 2-7 所示。

附表 2-7　后测 A、B 班《威廉斯创造力倾向测验》描述性统计

	冒险性	好奇心	想象力	挑战性	创造力
四年级 A	25.39	32.19	27.42	29.48	114.48
四年级 B	24.10	30.67	26.13	28.40	109.30
优秀标准	30	36	35	32	
满分	33	42	39	36	

（4）阶段四：对比前测和后测的统计数据，分析变化

根据初次实验前后结果对比，发现：一是实验中的干预策略对驱动性问题的生成有效，能够促进学生知识建构的达成，提高学生发现问题、解决问题的能力；二是初次实验结果显示学生的创造力未达到优秀标准，未提高到显著水平。

（5）阶段五：运用调查问卷、访谈等方式，调查统计

针对项目学习中驱动性问题的生成进行调查，借助数据分析驱动性问题从无到有、从少到多，验证评价生成策略的有效性、可行性。

访谈调查：机器人课上的思维导图对你有帮助吗?

访谈对象：完成基于项目学习的机器人课程的四年级 A 班学生 6 人。

访谈结果：思维导图能让我有更多的想法；思维导图感觉让我的思路更清楚了；感觉课上的问题链让我一步一步的想的更深入了；后面的课上我想跟小组伙伴们自己试试思维导图，说不定我们有更好的想法……

3. 第一次实验研究阶段性成果

在课题研究的过程中，我们取得了一定的阶段性成果。

①研究发现：干预策略对驱动性问题的生成有效，能够促进学生知识建构的达成，提高学生发现问题、解决问题的能力。

②教材出版：依托课题研究，将基于项目的学习活动和鲜活案例加以整理归纳、总结提炼，编写全新的机器人校本课程用书（已由北京大学出版社正式出版）。此书以贴近学生生活的案例活动展开机器人的基础硬件和编程平台的学习，基于项目学习基础上，以学习—创造—探索—思考—分享—评价—阅读为主线，在搭建机器人结构和编写机器人程序的过程中，鼓励学生习得、融合、应用多学科知识，不断发现问题、解决问题，促进创新思维的提升。

③教学实践：围绕研究课题，在机器人校本课堂中推行项目学习研究。基于项目学习背景下，讨论、设计多节机器人课堂教学案例，并进行多节次课堂教学实践，重点关注驱动性问题生成策略。

④论文获奖：课题研究论文获奖。

⑤成果交流：抓住课题研究契机，积极参与各级教育科研、课堂实践等交流展示活动。

4. 存在的问题

（1）基于项目学习过程中，如何制定规范的评价标准，对整个项目学习进行正确及时的评价。

评价是项目学习的一个重要环节，评价能够对项目学习中的各个环节起到诊断、反馈、激励、促进的作用。项目准备阶段的预评价，项目展开阶段的过程性评价，项目结束阶段的结果性评价——针对这些环节的评价标准如何制定、从哪些方面进行项目的评价，以及在什么时间实施项目评价，特别是过程性评价的时间点和标准把握存在问题，另外还有项目学习的评价结果的统计反馈等问题，需要专业精准深入的研究。

（2）项目学习过程中，需要进行跨学科知识融合学习，如何正确且恰当把握其他学科的标准和内容，以顺利推进项目学习的开展。

项目学习中跨学科融合学习要协调多个学科的课时进度，彼此融合多个学科的知识。在实际操作中，项目学习过程中，多个学科知识相辅相成，甚至多位教师一起合作，因此，在项目学习的跨学科融合学习中，存在各学科课程目标和知识内容的把握程度和多位教师如何合作的问题，由此会造成项目学习实施中的具体困难，这样就需要思考问题的解决，从而更好地贴合学生的需要，真正从学生的角度思考制定可行的项目，需要深入研究思考。

（3）生成策略更多地侧重关注思维导图的应用，对问题链的策略应用相对较少，因此对课题实验研究中的干预策略和测试结果以及得到的结论可能会造成一定的影响。因而需要在行动研究中对思维导图和问题链的干预策略正确充分实施并验证假设，以观察验证促进学生达成显著水平的效果。

（4）需要修正问卷中存在的问题——例如学生在前测和后测问卷测试中，以及在后续访谈调查中容易受到周围环境和同学的影响干扰，应尽量避免，以保证测试调查的客观性，获得更为准确的数据。

五、机器人课程中驱动型项目式学习的第二轮优化与应用

（一）第二次实验优化策略

首先，延请相关专家学者进行深入精准的指导，针对存在的问题进行请教、讨论，获得必要的指导。

一是针对项目学习中的评价环节——项目学习的评价结果的统计反馈需要专业精准深入的指导，从而改正项目学习实施中存在的问题，更好地推动项目学习，尤其是机器人课堂中项目学习的更好开展。二是针对课题研究中遇到的问题特别是课题实验过程中对象取样、测试数据、数据分析等关键部分，延请相关专家深入指导，完善实验方案，及时修正实验问题，从而推动课题研究实验顺畅、科学、正确的进行，保证课题研究的顺利推动。

专家意见：通过项目式学习培养学生完成实践、创新和合作等能力素养是当前教学变革中的重要探索，然而驱动性问题的生成存在一定困难，该研究指向这一问题的解决，提出问题链等有效的生成策略并加以实验检验，取得了一定的成效。建议进一步明确、清晰界定驱动性问题的概念、特性，说明策略生成的依据，并补充实验设计方案。

其次，进一步推进项目学习在包括机器人校本课程在内的大信息技术课堂的深入实践，进行课题研究的第二轮实验，积累相关资料。

在项目学习的跨学科融合学习中要协调多个学科的课时进度。通过多交

流多阅读多实践，了解各学科课程目标和知识内容水平，为学生减少项目学习实践中的困难，设计更好的贴合学生的需要、真正从学生的角度思考、真正可行的项目，引领学生深入研究思考，获得成长。同时在课题研究中重点关注思维导图和问题链的策略应用，以保证在行动研究中对思维导图和问题链的干预策略正确充分实施并验证假设，以观察验证促进学生达成显著水平的实验效果，从而得到正确结论。另外修正问卷中存在的问题，在后续访谈调查中尽量避免周围环境和同学的影响干扰，获得准确的数据。

（二）第二次实验研究过程

1. 准备阶段

（1）对象选取

研究对象是四年级两个班学生（A、B 两个班级，共 68 人）。

（2）项目案例

优化后的具体项目案例。

2. 实验阶段

（1）阶段一：项目学习实施前，进行对象前测

在项目学习实施之前，利用《威廉斯创造力倾向测验》对 A、B 班学生进行前测，记录相关数据（见附表 2-8）。

附表 2-8　前测 A、B 班《威廉斯创造力倾向测验》描述性统计

	冒险性	好奇心	想象力	挑战性	创造力
四年级 A	23.77±1.37	30.89±1.89	28.31±2.88	28.11±3.00	111.09±6.15
四年级 B	24.33±2.01	30.70±2.68	27.52±2.87	29.09±2.84	111.64±5.39
T 值	−1.352	0.338	1.143	−1.377	−0.389
P 值	0.186	0.737	0.257	0.173	0.699

（表格中呈现数据为平均数 ± 标准差，*$P<0.05$，**$P<0.01$，***$P<0.001$）

这两个班级在创造力总分及冒险性、好奇心、想象力和挑战性四个维度上都不具有显著差异。由此可判定，两个班级在机器人项目学习课程进行之前的创造力水平较为一致。

（2）阶段二：实施项目学习，进行策略干预

机器人课堂中在 A、B 班实施项目学习案例，A 班在项目学习中驱动性问题的生成过程中应用思维导图和问题链策略进行引导，促进驱动性问题生成；B 班在项目学习中驱动性问题的生成过程中不应用思维导图和问题链策略进行引导生成，一般由教师给定驱动问题。

（3）阶段三：课程结束，进行后测记录

经过项目学习之后，利用《威廉斯创造力倾向测验》对 A 班（项目学习中的驱动性问题生成进行策略干预）和 B 班（项目学习中的驱动性问题生成不进行策略干预）进行后测，结果如附表 2-9 所示。

附表 2-9　后测 A、B 班《威廉斯创造力倾向测验》描述性统计

	冒险性	好奇心	想象力	挑战性	创造力
四年级 A	28.31 ± 1.53	32.57 ± 1.80	35.54 ± 1.50	33.09 ± 1.67	129.51 ± 3.61
四年级 B	27.46 ± 2.17	31.55 ± 2.22	30.03 ± 2.69	30.64 ± 2.36	119.67 ± 4.65
T 值	−1.899	2.095	10.523	4.97	9.791
P 值	0.062	0.040	0.000	0.000	0.000

（表格中呈现数据为平均数 ± 标准差，*$P<0.05$，**$P<0.01$，***$P<0.001$）

采用干预策略的四年级 A 班在创造力上显著高于没有采用干预策略的四年级 B 班（$T=9.791$，$P<0.001$），具体表现为在冒险性上没有显著性差异，好奇心在 0.05 的水平上有显著性差异，想象力和挑战性在 0.001 的水

平上有显著性差异。

（4）阶段四：对比前测和后测的统计数据，分析变化

根据第二次实验前后结果对比，发现：一是实验中的干预策略对驱动性问题的生成显著有效，能够促进学生知识建构的达成，提高学生发现问题、解决问题的能力；二是第二次实验结果显示学生的创造力未达到优秀标准，但较第一轮实验更接近优秀标准。

六、研究结论

（一）基于项目的学习可以在小学高中低年级展开

基于项目的学习并不会因为学生处于低年级而不适用，相反，从越低的年级来接触项目实施过程中可能遇到的问题，反而有助于学生对多个学科开展学习。本成果发现学生团队（包括低年级学生）在基于项目的学习中、在解决真实生活中的问题过程中，能够主动应用项目学习的一般流程，并作出适当调整；能够主动思考"需求和核心问题是什么"；能够主动运用（教师引导帮助多少有差异）多学科知识，拓宽思维、不断创新；基于项目的学习能够大大提升学生发现问题、解决问题的创造创新能力，以及团队合作、项目管理的能力。

（二）驱动性问题的生成策略助力学生思维发展

好的驱动性问题具有可行性、有价值、情境化、有意义、可持续性的特点。在项目活动中，教师应用问题链和思维导图两种策略能够促进生成有效的驱动性问题。学生们也能够利用这两种生成策略，特别是思维导图，帮助自己和团队进行总结归纳、思考发现，大大促进发现问题、解决

问题以及创新的能力，提升核心素养水平。

（三）基于项目的学习能促进学生多方面能力及素养的提升

项目学习过程中，学生团队从组建团队、选定项目至制订计划、探究学习乃至分享交流、成果推广，经过一系列的团队合作，在发现问题、解决问题的过程中，利用多种途径获取利用资源进行探究发现，学生团队从简单到复杂、从模糊到清晰、从浅层到深入，他们不断地主动将多学科知识运用于实践，主动彼此融合协作，相互交流，不断地推动思维的发展深入。基于项目的学习能够大大提升学生发现问题、解决问题的创造创新能力，以及团队合作、项目管理的能力。

（四）项目评价是促进驱动性问题生成的一种重要形式

通过实验研究，我们发现评价是项目学习中重要的关键环节。在对自己或他人项目成果评价时，学生需要在深入反思的基础上，结合所学知识从不同角度、不同层面对项目进行评价，有利于学生发散思维、倾听不同观点，激发他们的想象力和创造力。在项目学习中合理使用评价有利于生成高效的驱动问题，是对学习成果的反思总结，提升学生的思维能力。

七、研究成果

（一）可实施的有效项目学习中驱动性问题的生成策略

本研究证明问题链和思维导图两种干预策略对项目学习中驱动性问题的生成有效（如附图 2-2 所示），能够促进学生知识建构的达成，提高学生发现问题、解决问题的能力，特别是在好奇心、想象力和挑战性上。

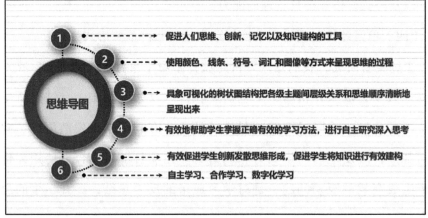

附图 2-2 问题链

（二）可借鉴的跨学科基于项目的小学信息技术"大"课程实践丰富案例

在本研究中，借助学校的小学信息技术课程群（包含小学信息技术国家基础课程和机器人、单片机、创客、STEAM 等课程）的教学内容，我们设计选取了丰富的项目案例，引导学生基于项目学习，借助问题链和思维导图等干预策略，主动运用多学科知识来解决真实问题，让学生在团队合作中主动探索，提升其发现并解决问题的能力，推广分享成果的能力，交流与合作的能力以及项目管理的能力，多方面促进其核心素养的提升，适应未来的发展。

1. 小学信息技术国家基础课程项目案例

在信息技术国家基础课程中，结合学生身边学习与生活，设计解决真实问题的项目案例。在项目学习中，引导学生基于项目的一般流程进行学习，并借助紧密结合的问题链以及思维导图进行感兴趣的驱动性问题的选择，如附图 2-3 所示。

2. 机器人特色课程项目案例

在学校机器人特色课程中展开项目学习，我们引导学生从项目启动之初就自己组建团队，制订计划分工，进行实地考察，思考发现，借助问题链和思维导图汇总、发现项目的驱动问题，进而应用多学科知识解决问题，最终以多种形式分享团队成果，如附图 2-4 所示。

3. 小小创客课程项目案例

结合学校各个年级学生的情况特点，基于 STEAM 的课程理念，结合已有课程的经验，我们在三年级开设了"小小创客"课程。同样基于项目学习的理念，我们着重鼓励低年级学生组成团队，发现身边的生活问题，展开头脑风暴，主动借助身边资源学习应用多学科知识，分析设计解决方案，利用现有材料进行创造创新，最终解决问题形成产品，并大胆分享推广产品，在做中学，在动手思考中成长，如附图 2-5 所示。

活动安排-好书共读

活动规划：

第一周　确定推荐好书（梳理推荐内容、统筹计划安排）

第二周　输入推荐内容（中文输入）

第三周　补充推荐内容（网络浏览、复制粘贴、段落设置）

第四周　编辑好书文档（软键盘、查找替换、字符设置）

第五周　美化好书文档（插入艺术字、插入图片）

第六周　打印好书文档，成果交流展示（页面设置、边框底纹、打印预览、活动总体评价）

活动安排-宣传海报

活动规划：

第一周　小组统筹安排、规划设计

第二周　获取筛选所需资料

第三周　设计制作主题海报

第四周　交流评价修改

第五周　分享宣传

附图 2-3　活动安排

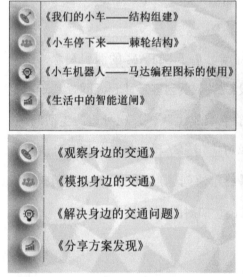

附图 2-4　机器人特色课程项目案例

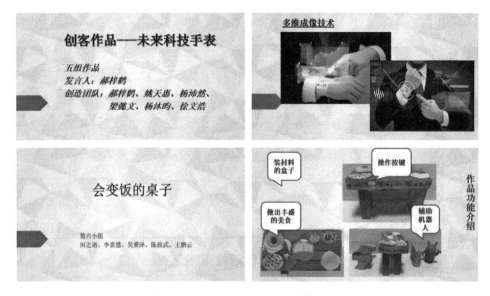

附图 2-5　小小创客课程项目案例

（三）可参考的明确基于项目的活动评价

活动评价是项目学习中的关键环节，在本研究的项目活动中，教师引导学生重视过程性评价，重点关注团队合作、成果分享推广过程，形成良好的项目管理意识。

（四）可利用的基于项目的课程特色读物

在本次研究中，我们将基于项目的学习活动和鲜活案例加以整理归纳、总结提炼，出版了基于项目学习理念指导下的《机器人探索》。该书更加贴近生活实际，从生活中发现问题、研究问题、解决问题，并且结合创新创意项目，展开跨学科的项目学习，形成一定的项目成果进行展示交流分享，如附图 2-6 所示。

附图 2-6　基于项目的课程读物

八、整体反思

（一）存在的问题

问题链和思维导图的策略方法可以激发学生好奇心和求知欲，但驱动性问题的解决策略相对单一，可以再进一步扩充。

基于项目的学习有效地带动了教学模式的改革，但由于实施项目学习过程中遇到很多其他问题，如教师如何把握主导地位、学生如何体现主体地位、过程性和总结性评价如何实施，这些问题会影响整个项目实施效果，同时也会干扰驱动性问题的生成。

（二）今后的设想

以学科课程标准为抓手，教师主导设计驱动性问题，还可以通过倾听学生的想法，了解学生的兴趣来设计驱动性问题，鼓励学生提出驱动性问题等方法，进一步总结驱动性问题生成策略的方法。

　　建立开放网络平台，学生彼此间的学习不仅仅是在课堂中，现如今已经是互联网＋的时代，线上交流与线上学习已经成为一种趋势，建立一个开放的网络平台，学生可以上传自己的作品，也可以欣赏其他小组的作品，还能和本组成员进行在线交流，自评、互评、师评都可以实时查看，这样的平台同样可以帮助教师实时了解学生开展项目的进度情况。

　　进行更大范围内的实践，基于项目的学习已有一些效果，并取得一些成绩，可以大范围的进行实践研究，这样会让项目学习中的关键——驱动性问题的研究，更加具有准确性和扩展性，同时也能助力更多教师的成长。

··附录三　基于小学人工智能教学的思考研究··

　　人工智能是新时代推动社会发展的重要力量。在不断的发展变化中，人工智能广泛渗透到各行各业，时刻改变着人们的生活生产方式。为了顺应时代的发展，人们要学习人工智能，感受人工智能的魅力，合理地应用人工智能。

　　人工智能的学习促使学生反思与总结人类智能，加深学生对人的智能的理解，感受人工智能发展给社会带来的深刻影响，提升学生问题解决和实践的能力，提升创造创新能力，进一步让学生关注人工智能发展与社会发展的伦理道德规范，打造智慧社会。

基于项目学习的小学人工智能教学实践研究

一、问题提出

（一）研究背景

1. 国家纲领文件发布

随着"互联网+"理念、大数据、云计算和人工智能等新技术的发展，我们正在走进人工智能时代。近年来，人工智能的发展呈现出深度学习、跨界融合、人机协同等新特征，推动了社会各领域从数字化、网络化向智能化的跃升，深刻改变着人们的生活方式和思维模式。2017年7月，国务院印发了《新一代人工智能发展规划》，在这一规划中明确指出加强人工智能科普工作，在中小学中开设人工智能相关课程，开展编程教育等具体措施。国家还先后启动了新一代人工智能重大项目，提出了加强基础理论研究、建立国家级人工智能技术研发及支撑平台、建设人工智能强国等远大目标。

2. 高中信息技术课程标准颁布

由于义务教育阶段信息技术课程标准正在制定中，高中信息技术课程标准现已成为对信息技术课程目标、内容等进行界定的国家文本，已经成为义务教育阶段信息技术课程的参照。在《普通高中信息技术课程标准（2017年版）》中加入《人工智能初步》选择性必修模块，该模块理应承载践行人工智能国家发展规划、激发学生学习兴趣、普及人工智能知识的重任。"人工智能基础"从历史发展的角度为学生铺垫人工智能经典的基础内容。"简单人工智能应用模块开发"让学生体验完整开发过程，深入认识当前主流人工智能开发工具和开发平台（或框架）。"人工智能技术的发展与应用"从人工智能发展与实践中获得相关的理性认识，比如社会智能化所面临的伦理及安全挑战等。在教学中教师既可以通过案例分析、项目设计等方式，引导学生拓展思维，也可以向学生展示或剖析比较典型的智能系统。

3. 人工智能时代对综合型人才的呼唤

人工智能逐步进驻人类生活并改变着人类的思维方式，计算思维因与时代背景高度契合而得到欧美国家的广泛关注，被认为和听、说、读、写、算一样，是每个人都必备的思维能力。计算思维与抽象概括、问题分解、算法、分析建模、系统化（自动化）、数据实践、评估与改进等要素密切相关。同时对于重复性、标准化、程序化的岗位，人工智能正在逐步取代人工，对就业能力产生了重要影响。社会需要的将不只是知识的复制者，更需要的是创新人才。创造力、人文素养和计算思维成为人工智能时代人才的核心素养。

人工智能本身也是培养学生核心素养的关键内容，人工智能时代的教与学的方式将发生转变：从被动接受型学习向主动探究型学习转变，从重复记忆型学习向深度理解型学习转变，从关注书本、分科式教学向整体综合式教学转变，从强调个体学习向协作知识建构和社会化学习转变，从强调知识技能学习向立德树人的新时代教育转变。课堂教学策略将更注重激发学习者的内驱力，注重超越人工智能的、体现人类特点的学习方式，强调体验式学习、研究性学习、项目式学习、游戏化学习、创客式学习、表

达式学习、基于脑科学的学习等。这就要求学校对管理方式、课程体系和
教材教法等进行变革。

4. 人工智能教育方兴未艾

人工智能教育研究被划分为两大类。其一是人工智能赋能教育，即人
工智能在教育中的应用，主要指人工智能技术支撑教育实践后对教学方式
的改变，如精准诊断、个性化推荐、智能导师等。其二是人工智能教育内
容，即人工智能教育内容本身及其相关素养能力培养，主要包含多样的编
程教育、创客教育，以及计算思维能力、问题解决能力、创新能力等信息
素养的培养。在人工智能战略的总体目标和创新性人才培养的要求下，当
前的人工智能教育内容与相对成熟的创客教育、STEAM 教育、机器人教
育形成自然连接。这些教育内容所蕴含的创新素质、合作精神、问题解决
能力、批判性思维等培养目标与人工智能教育培养总体目标相一致。从研
究的趋势来看，该领域研究主要集中在中小学人工智能课程体系、教学模
式、创新能力、核心素养等几个方面。

5. 人工智能教育现状问题

人工智能教学应用已经取得了丰硕成果，但还存在诸多问题。首先，
在义务教育阶段特别是小学阶段开设人工智能相关课程，进行人工智能教
育是一项重要的前瞻性谋划，具有划时代的意义。但是目前，在义务教育
阶段课程设置中，没有明确的人工智能学科课程，相关学科如小学的科学
学科、信息技术学科中均未有系统的人工智能教学规划。其次，义务教育
阶段以往从未开设人工智能学科课程，其两个相近学科（小学科学和小学
信息技术）的教师绝大部分还不具备人工智能教学经验，且即便教师受过

教育技术（信息技术）或计算机等相似专业的高等教育，其人工智能方面的知识储备仍不足以支撑其开展具体的教学或研究工作。再次，新一代人工智能的概念、理论及技术对于义务教育阶段如何把握其深度和广度也是实施教育教学的难点之一。最后，在义务教育阶段，人工智能不是国家单列课程，在人工智能相应教学设施及实践环境配备上也没有可借鉴的可行方案。以上因素对在义务教育阶段全面推动、实施人工智能教育均会造成一定影响。

（二）研究意义

《新一代人工智能发展规划》明确提出了要在中小学阶段设置人工智能课程。基于项目学习的小学人工智能教学实践课程的开发和实施，正为创新教育理论与人工智能教育实践的有机结合提供有效的平台。同时契合学生学习发展的需要，基于信息技术核心素养的培养，展开基于项目学习的小学人工智能教学实践的研究，有助于学生主动进行意义构建，主动进行跨学科、跨单元融合学习，利于培养学生的创造力、计算思维和人文素养，提升其发现问题、解决问题的能力，为未来成为复合型人才打下坚实基础。

二、文献综述

（一）概念界定

1. 人工智能教育

人工智能是计算机科学、控制论、信息论、神经生理学、心理学、语言学等多种学科互相渗透而发展起来的一门综合性的交叉学科和前沿学科。人工智能教育的主要目标之一是让学生了解最基础的相关知识，让学生理解人工智能的实质及其基本原理，掌握人工智能知识与技术中的科学方法，形成相应的技能。

2. 教学方法

教学方法是为完成教学任务而采用的办法。它包括教师教的方法和学生学的方法，是教师引导学生掌握知识技能、获得身心发展而共同活动的方法。教学方法手段的选择主要依据教学目的任务、学生水平、教师水平、环境条件、教学时限、预计效果等。

3. 教学策略

教学策略是对完成特定的教学目标而采用的教学活动的程序、方法、形式和媒体等因素的总体考虑。[①]教学策略包括三个不同部分：组织策略、传输策略和管理策略。组织策略指一个教学如何组织、要呈现什么内容以及如何呈现；传输策略指要用什么样的教学媒体以及学习者如何分组；管理策略包括安排进度和分配资源，实施按照先前的组织策略和传输策略来规划教学。

（二）国内外研究现状

1. 中小学人工智能教育的核心内容

中小学人工智能教育的核心内容主要包括人工智能概念、大数据、机器学习、计算机视觉、智能语音技术、自然语言处理技术。

人工智能概念包括人工智能的定义、人工智能的特征、人工智能的发展历史、人工智能的应用和人工智能伦理。人工智能技术是指让机器模拟

---

① 祝智庭 . CAI 的教学策略设计（之一）[J]. 电化教育研究，1998(1):37-41.

人的智能行为的技术。

大数据是人工智能的基石，机器的深度学习是建立在大数据之上的。大数据具有数据量大、数据类型多、数据变化快、数据价值密度低的特征。大数据应用的处理过程包括数据采集、数据预处理、数据分析与数据挖掘、数据可视化四个环节。

机器学习是一门涉及统计学、系统辨识、逼近理论、神经网络、优化理论、计算机科学、脑科学等诸多领域的交叉学科。研究计算机怎样模拟或实现人类的学习行为，以获取新的知识或技能，重新组织已有的知识结构使之不断改善自身的性能，是人工智能技术的核心。

计算机视觉是利用计算机模拟人的视觉系统的科学，主要包括图像识别、人脸识别和人体识别。它利用计算机对图像进行处理、分析和理解，以识别各种不同模式的目标和对象。基本流程分为四个步骤：图像采集→图像预处理→特征提取→图像识别。计算机视觉是人工智能的重要组成部分。

智能语音技术包括语音识别和语音合成技术。其中语音识别是指将人类的语音中的词汇内容转换为计算机可读的输入。基本流程包含将所采集到的声音信号进行数字化处理，将需要分析的音频信号从原始信号中合适地提取出来；特征提取工作将声音信号从时域转换到频域，为声学模型提供合适的特征向量；声学模型中再根据声学特性计算每一个特征向量在声学特征上的得分；而语言模型则根据语言学相关的理论，计算该声音信号对应可能词组序列的概率；最后根据已有的字典，对词组序列进行解码，得到最后可能的文本表示。语音合成则是指将计算机自己产生的、或外部输入的文字信息转变为可以听得懂的、流利的汉语口语输出的技术。

自然语言处理技术是使用自然语言同计算机进行通讯的技术，是智能语音处理的基础。文本分词、词性分析、句法分析、文本检索、文本生成、语音识别是自然语言处理的关键技术。文本分词是自然语言处理的基础，也是其他各种自然语言处理的基本模块。

2. 中小学人工智能教育的实践开展

（1）中小学人工智能教育的教学实践

伴随人工智能时代的到来，人工智能教育已成为教育中关注的重要内容之一，同时人工智能的教学实践也在中小学逐步展开。

英国的 Machine Learning For Kids 项目提供了一个少儿进行机器学习的网站，利用这个网站提供的工具，就可以在 Scratch 中轻松实现人工智能的相关程序，如文字识别、声音识别、图像识别和分类等。由于其呈现了完整的程序逻辑，体现了完善的程序运行过程，具有简单的编程界面，对于学习人工智能的学生同样具有极大的帮助。

国内某中学在讲解"什么是人工智能"时，采用情境化教学模式，创设情境：你认为人工智能是什么？你周围有哪些地方用到了人工智能？你认为充满人工智能的生活是什么样子的？人工智能能否胜过人类智能？然后依次呈现电影《变形金刚》和实际生活中的人工智能视频片段以及"人机对弈"片段，对有关问题进行讨论并总结评价。情境化教学模式强调情境的真实性，学生在学习过程中清晰表达理解和反思，教师的角色是引导者和帮助者，并对学生进行真实的评价。这种模式适用于与实际生活密切相关知识的学习，能促进学生形成对某事物的正确态度。

对于人工智能比较抽象难懂的知识内容，某中学课堂采用了基于问题的教学模式，比如人工智能语言中递归的运行机理、设计程序解决简单问题以及启发式搜索的基本思想及其优点的知识。基于问题的学习强调把教与学设置到复杂有意义的问题中，通过学习者合作共同解决复杂的、真实的问题，来学习问题背后的知识，形成发现问题、解决问题的能力，并增强自主学习的能力。可以分为五个环节：提出问题、分析问题、解决问题、结果展示、学习评价。

而对于人工智能涉及复杂难度大却应用较多的教学内容，比如专家系统的知识，则需要借助大量生活应用案例，中学老师采用了案例教学法进行教学。案例教学法的实施一般需要经过编选案例、呈现案例、分析案例、评价案例等几个环节，适应人工智能课程的综合性和实践性，符合中学生的思维特征。案例既要贴近学生生活，又要适应课程教学的要求。

同时，有研究者提出了利用程序编码框架来教授和实验人工智能系统的一些基本机制，让高中生在体验式的学习中体验并学习有关人工智能算法的基本原理和操作，实现对人工智能中基本计算思维的理解。探究式学习是让学生作为一个参与者对问题进行探究，强调解决方法过程。学生在探究中实现主动的意义建构，同时创造出解决问题的多种方案。

另外还有一些其他相对个性化的教学方法，例如整合了普通高中信息技术课程中选择性必修模块 4、模块 6 的课程内容，形成了"Python 基础 — 现成算法应用 — 简易案例入门"的普通高中人工智能教学"三部曲"。

笔者通过查阅文献发现，关于国内人工智能教育在小学阶段的实践，有研究者提出：可以在小学阶段引入 Scratch 等图形化编程工具和机器人，让学生通过简单的图形化编程，完成人工智能相关作品，或者更改某些参数来实现人工智能作品。在这个过程中主要让学生思考做什么、如何分步骤做等，在这个过程中培养学生的计算思维及动手实践能力。例如，可以为学生设计编程任务"听话的灯"。当听到语音"请开灯"，灯亮，机器同时语音输出"您好，灯已打开"；当听到语音"请关灯"，灯灭，机器同时语音输出"您好，灯已关闭"。选择合适的图形化编程工具，让学生思考，如果要完成，需要哪些器件、怎样分步骤完成。教师可以给出每一个步骤，并把步骤打乱，让学生自己排序，实践完成该功能。主张借助图形化编程和机器人器材学习人工智能内容。

在杭州上海世界外国语小学的编程 AI 校本课程中，针对不同年级学生年龄特点，教师们借助不同水平层级、不同语种的编程平台引领学生完成学习任务，激发学生的学习兴趣。

北师大附属实验小学在人工智能教育的教学实践中采用体验式的学习：体验感知 — 引发思考 — 体验研究 — 总结分析。例如在学习图像识别时，学生了解了车牌识别，想到生活中有人为了躲避交通摄像头的拍摄，故意遮挡或损坏车牌，人工智能技术能不能对这种行为起到监督作用呢？学生仿照真实的车牌设计了数字不完整、手写数字替代车牌上的数字等形式的图片，他们选择了某小区的一款车牌识别系统进行试验。通过研究，他们发现用一张车牌的纸质图片，就通过了某小区门口的识别系统。孩子们尝试提出了自己的解决方案，车牌识别系统可以采用车牌图像识别与红外车距识别相结合的方式。

北京东城区黑芝麻小学则通过实践活动创新小学人工智能教学方式，实践活动是从学生的真实生活和发展需要出发，强调学生亲身经历各项活动，在动手做、实验、探究的过程中进行人工智能体验。

通过文献查阅，笔者发现对于人工智能教学内容的新颖性，研究者和一线教师都在积极探索有效的教学方法。可以说，在人工智能教学实践中，教学方法是当前研究的重点问题之一，但其研究数量较少，研究深度不足，没有形成完整的教学体系，需要更多的一线教师加入进来积极探索和优化提取。另外，目前人工智能教育中的教学方法研究主要以高中为主，而且项目学习法在中小学人工智能教学实践中的应用研究也较少，这样可以为探索适用于小学人工智能教育的教学方法，特别是应用项目学习法展开人工智能教育提供有力的支持。

（2）项目学习在中小学课程教学的应用

项目学习让学生在真实情境中主动探索，应用多学科知识，培养学生搜集、处理信息的能力和解决问题的能力，促进学生之间的合作。

项目活动中的任务，在构建上需要注意以下三点：一是适当具有挑战性的任务，既能激发学生的学习兴趣，又不会太难而完不成，从而使学生获得成功的体验；二是与学生的学习和生活密切相关的真实任务，解决实际存在的问题，激发强烈的学习兴趣，同时学生从团结协作中学会与人沟通交流；三是综合的跨学科的任务，要完成具有挑战性的真实任务，学生需要具有综合的跨学科知识并且能够熟练运用，从而在"用技术学习"的过程中受益。

20世纪二三十年代，在美国的初等学校和中学低年级里，克伯屈的项目教学法得到了推广和应用。基于项目的学习是美国中小学开展研究性学习的主要模式之一；在美国的工商管理硕士的教育中，也广泛采用项目教学法，并形成了一套比较完整的教学体系。在德国，基于项目的教学方式也非常盛行，尤其在职业学校用得最多。在法国，将项目学习运用于初三年级的综合实践课中，每所学校至少安排两个学科开展项目学习，通过这个活动，每个学生获得一个成果，并将这个成果作为学生升学成绩的一部分计入档案；同时在法国的职业学校教育中，开展了PPCP（职业特征多学科项目）课程，该课程让学生通过完成一个与职业场景有关联的具体研究项目，来获得与将来职业相关的各方面知识和技能。由国外的资料可以看出，低年级在接触项目实施过程中可能遇到的问题，反而有助于学生对多个学科开展学习。

我国大约于2001年将项目教学模式法用于教育领域，随后项目教学模式延伸到动漫设计、汽车制造、多媒体课件开发、职业汉语、商务英语等教学领域；进而随着中小学课程教学改革的发展，该模式也逐渐走进了中小学课程教学，立足学科展开项目学习活动，进行实践应用研究。跨学科项目式学习作为一种颠覆传统的教学方式正逐渐被学校重视和认可，通过概念阐述、数据分析、比较研究等方法，在课程设置方面有利于打破学科壁垒，有利于补充工程技术类拓展知识；在教师教学方面有利于丰富课堂教学模式；在学生学习方面有利于培养学生的创新能力；在评价方面有利于为过程性评价提供依据。

杭州上海世界外国语小学在编程课堂教学中采用项目式学习，引导孩子们以"人的需求"为中心，发现生活中的现实问题，通过小组团队合作，运用编程知识解决复杂问题并获得创新。具体通过同理心、定义、头脑风暴、建模、调试这五个教学步骤开展教学。以学校的编程课程中无人机快递配送为例：学生们主要是尝试"建模与调试"——从手摇无人机过渡到通过编程实现无人机自动化。

在创客教育中采用项目式学习，可以赋予学生更多主动探究学习的机会，围绕拟解决的项目问题，在经历收集信息、获取知识、探讨方案、同伴协作、动手实践等环节后，可有效促进学生的知识建构、技能与能力的发展。可见，项目式学习与创客教育在教育理念和活动过程等方面具有契合性，可将其作为中小学开展创客教育活动的主要教学方式。

项目学习在中小学机器人教育中的具体应用主要分为项目学习目标的制定、项目学习活动的设计和项目学习的评价三个阶段。通过将小学机器人课程与项目式学习结合，培养学生解决问题能力、创造力、自主探究能力，提高其综合素质。笔者在"基于项目教学背景下机器人校本课程的创新实践研究"中发现：在小学机器人课程教学中引入项目学习，能够促使多门学科知识融合，顺利有效实施跨单元、跨学科的融合学习；并且通过项目学习活动，有效地培养学生的动手能力、逻辑思维能力、创造能力、交流能力、合作能力、管理能力等多方面能力；能够完善创新机器人校本课程中教学内容、教学目标、教学模式、教学评价等方面内容，促进机器人课程从学生需要出发，在真实情境中借助多重选择、多种资源、多样评价来促进学生学会学习。并且进一步以机器人课程为例，展开"项目学习中驱动性问题的生成策略研究"，注重项目学习中驱动性问题的生成，将项目学习中驱动性问题的生成策略进行实践总结，进一步促进基于项目学习的机器人课程顺利深入开展，促进学生主动探索、自主学习；提升学生的动手实践和创新创造能力，顺利实现多学科融合和跨学科合作学习。

尽管目前国内关于项目学习在中小学课程教学实践中的应用研究较多，项目学习也成为课程实践研究领域的一个热点，但是笔者发现关于"项目学习在小学人工智能教育中如何实践实施？如何基于项目展开人工智能教育？"的相关研究较少。

（3）中小学人工智能课程的设计构建

在文献查阅中，笔者发现，国外中学人工智能课程设计重点关注人工智能伦理层面的讨论与理解。国外某中学主张让学生不仅把人工智能视为一种工具，而且把人工智能视为一种具有伦理和社会意义的技术。在建构主义教学法的基础上，学校研究者开发了大量不插电的人工智能活动，给中学生讲解人工智能的伦理后果。第一节课介绍人工智能、数据集、有监督的机器学习和算法偏差的概念。使用 Google 的可教机器，学生们训练了一个猫狗分类器，它有两个数据集：第一，猫被过度代表的有偏见的数据集；第二，狗和猫之间具有平等、多样的代表性。然后，学生们比较分类器之间的准确性，并讨论哪个结果更公平。这项活动引出了一段视频讨论，该视频强调了面部识别算法中存在的偏见。第二节课介绍了 Cathy O'Neil's 的两个概念：作为意见的算法和使用道德矩阵的利益相关者分析。首先，学生们开发出一种制作"最佳"花生酱和果冻三明治的算法。之后，学生们讨论什么是"最好"：它是最美味、最健康、最快的吗？讨论转移到他们涉及的利益相关者：可能是吃三明治的孩子、他们的父母、他们的医生或牙医，甚至是提供不同种类花生酱的杂货商。第三节课学生通过首先确定系统，确定这些利益相关者的价值，然后使用道德矩阵来确定他们版本的 YouTube 推荐算法的目标应该是什么。当被问到人工智能有多糟糕时，学生们都有这样的感想："我知道有些人工智能，比如面部识别，很难识别深色皮肤的人和女性。"更多的学生对这个问题的回答是对未来工作的担忧"是的，它可以夺走人类的工作"或是对机器人世界末日的担忧，"还有终结者"。很明显，未来关于人工智能社会影响的教学将非常重要。

国外小学人工智能课程的设计中重点关注了编程的学习。英国曼彻斯特小学与人工智能研究人员合作开发了课程，其中包括：与机器人玩耍的机会；人工智能编程；半正式讲座的介绍；正式实验的进行；机器人角色扮演；以及在跨课程的背景下，人工智能的方法可以产生相关的艺术作品或故事。级别 1：主要针对准备第一年上学的人（5—6 岁），重点是围绕机器人进行富有想象力的游戏，鼓励学生解释机器人之间的区别。级别 2：重点是乐高头脑风暴机器人，学习不同类型的传感器以及它们如何控制机器人。级别 3：使用乐高 Mindstorms 机器人，学生修改现有程序，观察结果，并通过设计、编码、编译和测试开发自己的机器人行为想法。级别 4：

对于年龄较大学生，提供更多的结构，内容集中在人工智能和认知科学的更大问题上，而不是编程和机器人技术的细节。

对于国内中小学如何进行人工智能课程的设计，有研究者提出应从以下四个方面入手。

一是从教师和受教育者视角进行设计。教学方案设计者应该正视学生的基础现状和接受能力，同时又要考虑多数技术教师从未接触过人工智能的现状。

二是把握好人工智能基础教育和专业人工智能人才培养的不同定位。基础教育的目的不是让学生提前了解这些专业术语的含义是什么，把大学教育的任务前移到中小学，而是应该通过从人工智能的某个小的切入点去梳理一条知识演绎的线索，让学生自然去理解其含义。

三是应该注重知识讲解和动手实践并举。人工智能课程知识点的讲解应该结合学生的生活经验和学生感兴趣的话题进行，同时课程知识讲解要配以若干动手实践，通过实践巩固知识。对于某些有难度的知识点可分解为若干递进式的小问题，通过逐步加深理解的方式达到课程教学的目的。

四是坚持人工智能主线。人工智能教育的落脚点还是要回归到人工智能相关的学习和实践上，否则就失去了其作为一个独立体系学习的意义。虽然人工智能和开源硬件、编程、机器人等内容的学习有交叉，学习模式上也有相互借鉴的地方，但是人工智能教育的目标和内容都与它们有较大差异，要始终明确教学活动都应该将人工智能作为出发点和落脚点。

国内的课程开发团队、中小学教师们也分别面向不同年级、不同年龄的学生对人工智能课程进行了设计构建。

中国人民大学附属中学设计构建了基于人工智能技术发展框架的计算智能、感知智能、认知智能、创新等几个层次相对应的中小学人工智能教育课程体系。最底层是大数据、算法层，是实现各类人工智能技术的核心，包括传统机器学习、深度学习。面对中学生，其课程重点是传统机器学习的各类算法理解与应用，包括一些深度学习的算法：卷积神经网络、循环神经网络等。这些算法都是在具体项目实践中进行验证、理解的。第二层是感知，能听会看，如语音识别、图像识别、生物特征识别、文字识别技术等。这一部分以丰富翔实的人工智能应用实例对学生进行兴趣引导，介绍人工智能原理的同时，结合人工智能发展史、人工智能技术在各行业的应用、人工智能技术发展的哲学思辨，让学生对人工智能技术的内涵有正确、深刻的理解，同时在学习过程中建构计算思维。再向上是认知，就是会思考，能够推理、决策，认知层是感知层的进一步发展，不仅能让机器识别语音、图像和文字的内容，还能够理解其内在含义。最上面一层是创新、应用，组织学有余力的学生开展人工智能项目的开发与创新，将理论应用于实践。

狮山石门高级中学的人工智能课程构建了线上课程、线下课程、实体机器人课程和虚拟机器人课程"四位一体"的机器人校本课程体系，主要包括机器人发展历程、硬件组成、工作原理、编写程序、灭火机器人项目五个模块。

北京师范大学课程与教学研究院和北京粒创科技有限公司组建的"人工智能＋青少年创造力教育"项目团队，面向小学生开发了人工智能课程。

第一类为以"基础体验"为特征的低阶人工智能课程。在小学1—3年级可开设低阶人工智能课程，这一阶段的课程内容重在让小学生对人工智能有所接触、了解和体验，具体可以AI知识类故事、计算机及通用软件基本操作、游戏化机器人体验、游戏化教学课程为主。第二类为以"兴趣培养"为特征的中阶人工智能课程。在小学4—6年级可开设旨在培养学生人工智能兴趣的中阶人工智能课程，可以涉及使用不同的教具进行想象力转化创作、融入人文精神的主题式创意物化、初步的团队合作、可视化编程、初级机器人编程、游戏化Python编程语言等课程内容。

杭州上海世界外国语小学主要突出编程在AI校本课程中的核心地位。在"Everyone can code"理念指导下，根据学生认知和心理发展特点，建设了进阶体系的"Fun With Coding"课程，从低年级实体积木编程到高年级半图形化编程，逐步培养学生编程的兴趣和能力。通过这一系列编程课程，学生们亲身体验编程的乐趣，从而激发他们对于AI的兴趣。

贵阳市实验小学的"TREE"人工智能课程是生成性（transformational）、整合性（reconstructive）、探究性（exploratory）、丰富性（enriching）的集合体，主要包括电脑绘画、Scratch创意编程和3D打印等。

鲈乡实验小学的"面向STEM的智能机器人创新课程"包含系列人工智能应用项目，"智能灭火机器人""智能识别序号搬运小车"是其中两个："智能灭火机器人"要求机器人探测着火点并完成灭火搬离的动作；"智能识别序号搬运小车"实践层面的目标则是设计制作能自动识别集装箱序号的小车。

　　笔者发现，在中小学人工智能课程设计层面，极少数学校已经根据学生特点和环境条件将人工智能的相关内容知识做了基础构建，但是仍然大量存在简单地将人工智能完全等同于编程设计或者智能机器人活动或者创客活动的情况，甚至有些所谓的"人工智能课程"就是国家信息技术学科基础课程。还有的人工智能课程则是与机构、公司合作，照搬大学人工智能课程内容，根本不适合中小学生，特别是小学生使用。

　　有研究者已经提出，小学人工智能课程应重在让学生感悟人工智能。

　　首先，通过一系列人工智能认知的小故事，让小学生直观认识什么是人工智能。例如可以通过讲述经典的"人机大战"故事让学生感受人工智能，也可以从其他生活中经常应用到的智能小工具让学生了解感受科技的发展，以及人工智能给生活带来的改变。

　　其次，从人如何让机器学会看、听、说、想、动，模仿人的认知，让学生明白人工智能的实际应用。通过使用各种人工智能产品，例如识别花朵的 APP 能够识别各类花草，让学生感受人工智能可以让机器"看"；通过语音识别技术感受人工智能可以让机器"听"；通过与智能机器助手对话感受人工智能技术可以让机器"说"；会思考，也就是会"想"；通过让机器按照自己的指令来执行相应的任务，智能遥控器来控制电视、操纵智能小车等感受人工智能可以让机器"动"。

　　最后，小学人工智能课程不只是单纯的体验和感知，而是在体验和感知中培养学生的计算思维。

3. 存在问题

　　结合文献查阅以及对研究现状的调查，我们发现存在以下问题。

其一，在中小学人工智能课程设计构建中，适合义务教育阶段，特别是小学阶段的人工智能教育内容体系较少见。鉴于此问题，基于信息技术学科核心素养的培养，结合中小学人工智能教育的核心内容，梳理架构适合小学人工智能教育的内容体系非常必要。

其二，在人工智能课程中教学方法涉及种类多，但是数量较少并且研究深度不足，并没有形成完整明晰的教学方法模式，而且目前教学方法主要以高中教学为主，适用于小学阶段的人工智能教学方法需要进行探索和优化。

其三，现有义务教育阶段特别是小学阶段，有关人工智能的教学实践相对较少，同时进行实践的学校通常以编程软件平台进行单一编程学习为主，缺乏适合小学阶段人工智能教学实践开展的系统解决方案和相关教学案例。

（三）理论依据

1. 建构主义理论

建构主义理论要求教学环节中包括情境创设、协作学习、讨论等，学习者要主动完成知识的意义建构。人工智能教学实践中，教师要成为学生的帮助者、指导者，提供一定的支持与帮助，引导学生去发现、去探究、去思考，找到问题解决的方案。

2. 项目学习理论

基于项目的学习是一种新型教学模式，它所关注的是学科的核心概念和原理，它要求学生从事的是问题解决，基于现实世界的探究活动以及其他的一些有意义的工作。它要求学生自主学习并通过制作作品完成自己知识意义的建构。

　　基于项目的学习是运用复杂、真实的生活项目——这种项目是真实的，同时又是与课程内容紧密相关的、促进和提供学习经验的一种教学方法。

　　基于项目的学习是使学生在现实世界中进行工作从而来促进学习的一种教学策略。

　　国内关于项目学习的定义也有很多：基于项目的学习是以学习、研究学科的概念和原理为中心，学生通过参与一个活动项目的调查和研究来解决问题，以建构起他们自己的知识体系，并能运用到现实社会当中去。

三、研究设计

（一）研究目的

　　本研究的主要目的是探讨基于项目学习的小学人工智能教学实践研究，基于信息技术学科核心素养的培养，完善学科体系内容，紧跟时代步伐，顺利有效实施跨单元跨学科的融合学习，形成适合小学阶段的人工智能教学内容架构；进行系统的教学设计，确定适合的教学模式、教学策略等内容，开发人工智能教学实践案例和相关教学资源等，主要包括以下方面。

　　其一，探讨"基于项目学习的小学人工智能教学实践研究"的实施要素与步骤，形成适用于小学人工智能教学实践的内容体系、项目主题、教学方法、教学策略、教学案例以及相关教学资源。

　　其二，根据"基于项目学习的小学人工智能教学实践研究"的实施情况和结果，提出实施基于项目学习的小学人工智能教学实践的具体实施建议策略和改进思路，在实践中探索有针对性的、面向小学阶段开展人工智能教育的适合解决方案，以供借鉴参考。

（二）研究问题

1. 小学阶段人工智能教学实践的内容框架体系

结合小学信息技术学科教师的情况和小学生的认知水平，基于信息技术学科核心素养目标培养的需要，对相关人工智能领域的知识进行整理、筛选，然后进行重新组织构建，目标指向信息技术学科核心素养、培养创新型复合人才。

2. 小学阶段的人工智能教学实践的教学模式、教学策略

实践并总结在小学人工智能教学实践中，可采用的教学方法、可行的教学策略以及可实施的教学案例，并形成可推广和可借鉴的完整教学方案。

3. 基于项目学习的小学人工智能教学实践的环境建设

探索借助互联网环境，基于编程软件平台，利用人工智能相关技术接口调用以及人工智能相关硬件（如机器人套件等），打造适合小学生年龄特点和认知水平的小学人工智能教学实践开展环境。

（三）研究方法

1. 文献法

围绕"基于项目学习的小学人工智能教学实践研究"查阅文献，厘清核心概念，了解围绕课题相关领域国内外研究的历史和现状，明确相关理论依据；然后对文献资料信息进行整理归类、分析发现，提取需要研究的

问题，进而围绕研究问题进行进一步的研究探索。

2. 调查法

运用调查问卷、访谈等方式，了解学生关于"基于项目学习的小学人工智能教学实践研究"中实施的教学内容、教学方法、教学策略、教学平台以及相关教学资源的意见和建议，为梳理构建"小学阶段人工智能教学实践的内容框架体系"、打造"适合小学生年龄特点和认知水平的人工智能教学实践环境"、形成"可推广可借鉴的完整教学方案"提供重要参考。

3. 行动研究法

在学生需求调查和学情分析后，基于信息技术学科核心素养目标，梳理筛选小学人工智能教学实践内容，充分利用软件平台技术和机器人等硬件套装支持，开展项目学习活动，进行教学案例实践研究。借助软件平台进行人工智能背后的编程算法的理解学习；利用硬件设备进行模拟、验证、测试，充分感受体验生活中的人工智能；借助更多平台资源深入学习人工智能相关知识。结合文献资料、教学实践研究、调查反馈等情况，最终确定：组织构建适合小学阶段的人工智能教学实践内容体系；提供可供小学人工智能教学实践开展的环境建设；形成可推广可借鉴的基于项目活动展开的小学人工智能教学实践的相关教学案例、教学策略和相关教学资源等。

（四）研究过程

研究过程如附图 3-1 所示。

研究方法

1.调查访谈学生人工智能学习需求，进行学情分析
2.结合需求和学科内容，基于信息技术学科核心素养目标，初步梳理、筛选人工智能教学实践内容

3.围绕选取内容，选取确定单元项目主题
4.制定单元教学目标，进行单元设计
5.结合单元设计，准备软硬件技术资源支持环境

6.围绕单元设计，进行课时教学设计
7.进行课时教学实践，记录教学过程
8.反思教学实践效果，重点关注教学目标达成、教学策略实施和教学评价有效

9.通过调查访谈，反馈教学效果、内容建议、软硬件平台支持意见需求
10.再次结合反馈和学科内容，目标指向学科核心素养，第二次筛选确定人工智能教学实践内容

11.第二次进行基于项目的单元、课时设计
12.实施教学实践，记录教学过程
13.反思教学实践，重点关注目标达成、策略实施、评价有效以及教学资源利用

前期准备

1.相关文献资料
2.信息技术教材
3.机器人教材
4.Scratch、Kittenblock、编程猫平台
5. Scratch、Kittenblock、编程猫平台 AI 接口、百度 AI 平台接口
6.Lego、优必选等机器人硬件套装

研究结果

1.组织构建适合小学阶段的人工智能教学实践内容体系
2.提供可供小学人工智能教学实践开展的环境建设
3.形成可推广可借鉴的基于项目活动展开的小学人工智能教学实践的相关教学案例、教学策略和教学评价内容

附图 3-1　研究过程

四、创新点

在小学人工智能教学实践中，基于项目学习开展教学活动，在信息技术学科基础内容要求落实的基础上，借助真实的项目活动引领学生主动探究相关的人工智能内容，完成主动的意义建构，很好地实现了信息技术学科核心素养，特别是计算思维的培养。

基于项目学习的小学人工智能教学实践，内容知识层面聚焦人工智能本质，从传统的编程学习和硬件机器人教学向深度学习探究原理、机器学习与大数据方向转化，适合义务教育特别是小学阶段人工智能教学的推广开展。

五、预期成果

（一）研究报告

整理并总结本课题的研究过程、研究资料、研究结果，形成"基于项目学习的小学人工智能教学实践研究"的研究报告：呈现小学人工智能教育的内容框架体系、在小学人工智能教学实践中可推广的完整教学方案，以及可实施的小学人工智能教学实践环境方案。

（二）教学案例

整理归纳本课题研究中"基于项目学习的小学人工智能教学实践研究"的案例设计与反思，形成可推广可借鉴的小学人工智能教学实践案例，以供一线教师参考实践。

（三）研究论文

围绕"基于项目学习的小学人工智能教学实践研究"，结合研究问题、研究过程、教学实践以及教学方法、教学策略应用等，撰写阐述本课题研究中的研究发现、研究结果等内容的论文，以供其他研究者参考借鉴。

参考文献

1. 陈民仙 . 人工智能教育校本化课程构想与实践 [J]. 中小学信息技术教育，2019(11).

2. 傅骞，解博超，郑娅峰 . 基于图形化工具的编程教学促进初中生计算思维发展的实证研究 [J]. 电化教育研究，2019(4).

3. 高姝睿 . 人工智能在教育领域的应用研究 [J]. 软件导刊 (教育技术)，2018(1).

4. 高志军，陶玉凤 . 基于项目的学习 (PBL) 模式在教学中的应用 [J]. 电化教育研究，2009(12).

5. 管文川 . 试论中小学实施跨学科项目式学习的必要性 [J]. 上海课程教学研究，2019(3).

6. 韩立福 . 有效教学法 [M]. 北京 : 首都师范大学出版社，2012.

7. 郝君 . 通过实践活动创新小学人工智能教学方式——以"有趣的 0 和 1"一课为例 [J]. 中小学信息技术教育，2020(1).

8. 何莉娜 . 例谈小学人工智能课程的有效开展 [J]. 新课程研究，2019(6).

9. 胡庆芳，程可拉 . 美国项目研究模式的学习概论 [J]. 外国教育研究，2003(8).

10. 姬兴华 . 对"项目研究"及其相关问题的认识 [J]. 淮北职业技术学院学报，2003(2).

11. 蒋萍 . 中小学教师教学评价的现状、问题及对策研究 [D]. 兰州 : 西北师范大学硕士学位论文，2003.

12. 黎加厚 . 人工智能时代的教育关键在于"育人"[J]. 人民教育，2019(11).

13. 李静 . 基于项目化学习的"小学信息技术"课程实践研究 [J]. 兰州教育学院学报，2020(1).

14. 李鸣华 . 案例教学法在高中人工智能课程中的运用研究 [J]. 中国电化教育，2008(2).

15. 李强 . STEM 教育理念下普及人工智能教育实践研究——以智能机器人为例

[J]. 教育信息技术，2019(11).

16. 李婷. 小学阶段开展人工智能课程的策略探讨 [J]. 中小学信息技术教育，2019(12).

17. 李艺，谢作如. 机器人教育何以进入中小学课堂 [J]. 中国信息技术教育，2015(10).

18. 李振，周东岱，刘娜，等. 人工智能应用背景下的教育人工智能研究 [J]. 现代教育技术，2018(9).

19. 林昉. 义务教育阶段开展人工智能教育的现状分析与思考 [J]. 中小学电教：综合，2019(12).

20. 刘景福，钟志贤. 基于项目的学习 (PBL) 模式研究 [J]. 外国教育研究，2002(11).

21. 刘志军，王振群. 浅析中小学机器人教学 [J]. 科技信息，2012(1).

22. 罗海风，刘坚，罗杨. 人工智能时代的必备心智素养：计算思维 [J]. 现代教育技术，2019 (6).

23. 马超，张义兵，赵庆国. 高中《人工智能初步》教学的三种常用模式 [J]. 现代教育技术，2008(8).

24. 马涛，赵峰，王有学，等. 海淀区中小学人工智能教育发展之路 [J]. 中国电化教育，2019(5).

25. 马玉慧，柏茂林，周政. 智慧教育时代我国人工智能教育应用的发展路径探究 —— 美国《规划未来，迎接人工智能时代》报告解读及启示 [J]. 电化教育研究，2017(3).

26. 玛雅·比亚利克，查尔斯·菲德尔，金琦钦，等. 人工智能时代的知识：核心概念与基本内容 [J]. 开放教育研究，2018(3).

27. 闵芳芳. 基于计算思维培养的初中编程教育校本课程开发与实践 [J]. 课程教育研究，2019(27).

28. 穆明. 谈普通高中人工智能教学设计 ——Python 入门人工智能"三部曲" [J]. 中国现代教育装备，2020(2).

29. 倪震，刘晓迁，臧亮亮. 图形化编程工具在面向青少年人工智能教育中的应用 [J]. 电子世界，2019(21).

30. 秦建军，郭艳玫，马福贵. 思维素养视角下的中小学人工智能教育 [J]. 中小学信息技术教育，2019(5).

31. 隋娟. 论小学教育中的创新思维培养 [J]. 改革与开放，2010(20).

32. 谭姣连，韩丽珍 . 项目学习中学生批判性思维的培养 [J]. 软件导刊：教育技术，2012(2).

33. 王本陆，千京龙，卢亿雷，等 . 简论中小学人工智能课程的建构 [J]. 教育研究与实验，2018(4).

34. 王滨 . 基于项目教学法的小学创客教育课程教学设计与实践 [D]. 西安：陕西师范大学硕士学位论文，2018.

35. 王超 . 中小学创客教育的项目式学习活动设计探究 [J]. 教学与管理，2020(6).

36. 王道俊，郭文安 . 教育学 [M]. 北京：人民教育出版社，2016.

37. 王同聚 . "微课导学" 教学模式构建与实践 —— 以中小学机器人教学为例 [J]. 中国电化教育，2015(2).

38. 王同聚 . 中小学机器人教学中 "微课" 的制作与应用研究 [J]. 中国电化教育，2014(6).

39. 王晓芜，王晓飞 . 智能机器人教育探索创新人才培养新模式 [N]. 中国教育报，2010-06-18(8).

40. 谢忠新，曹杨璐，李盈 . 中小学人工智能课程内容设计探究 [J]. 中国电化教育，2019(4).

41. 闫守轩，张铭芳 . 教学模式研究四十年：回顾、反思与前瞻 [J]. 辽宁师范大学学报：社会科学版，2020 (1).

42. 岳守凯 . 高中物理驱动性问题的生成与探究 [J]. 教学与管理：中学版，2016(12).

43. 张莉娜 . 恰当设计与处理驱动性问题 提高初中化学课堂教学实效性 [J]. 北京教育学院学报：自然科学版，2007(6).

44. 郑俏 . 高中人工智能教育信息化教学模式 [J]. 中国教育信息化：基础教育，2008(1).

45. 郑娅峰，傅骞，赵亚宁 . 我国人工智能教育研究现状及主题结构分析 [J]. 数字教育，2020 (1).

46. 钟柏昌，张禄 . 我国中小学机器人教育的现状调查与分析 [J]. 中国电化教育，2015(7).

47. 钟志贤 . 信息化教学模式 [M]. 北京：北京师范大学出版社，2006.

48. 周建华，李作林，赵新超 . 中小学校如何开展人工智能教育 —— 以人大附中人工智能课程建设为例 [J]. 人民教育，2018(22).

49. 周迎春. 基于智能机器人课程的小学人工智能教育初探 [J]. 创新人才教育, 2018(4).

50. 〔美〕巴克教育研究所. 项目学习教师指南——21世纪的中学教学法（第2版）[M]. 任伟, 译. 北京：教育科学出版社, 2008.

51. 〔美〕杰克·吉多, 詹姆斯·P. 克莱门斯. 成功的项目管理 [M]. 张金成, 译. 北京：电子工业出版社, 2007.

52. 〔美〕沃尔什, 等. 优质提问教学法 [M]. 盛群力, 等译. 北京：中国轻工业出版社, 2018.

53. 〔美〕伯曼. 多元智能与项目学习——活动设计指导 [M]. 夏惠贤, 等译. 北京：中国轻工业出版社, 2004.

54. 〔美〕丹东尼奥, 等. 课堂提问的艺术——发展教师的有效提问技能 [M]. 宋玲, 译. 北京：中国轻工业出版社, 2006.

55. 〔美〕德莱尔. 问题导向学习在课堂教学中的运用 [M]. 方彤, 译. 北京：中国轻工业出版社, 2004.

56. 〔美〕琼斯, 等. 问题解决的教与学——一种跨学科协作学习的方法 [M]. 范玮, 译. 北京：中国轻工业出版社, 2004.

57. Ali S, Payne B H, Williams R, et al. Constructionism, Ethics, and Creativity: Developing Primary and Middle School Artificial Intelligence Education[C]// International Workshop on Education in Artificial Intelligence K-12, 2019.

58. Heinze C, Hase J, Higgins H. An Action Research Report from a Multi-Year Approach to Teaching Artificial Intelligence at the K-6 Level[C]// Proceedings of the National Conference on Artificial Intelligence, 2010.

结束语

在教育教学实践中，我们作为教育者从课程设计、项目选取、评价制定等多方面引导学生在理解应用知识的过程中，进行思考、辨别、选择、判断；引导帮助学生产生高阶思维活动，让学生在生活情境中于真实问题的解决中，进行学习、研究、探索、创新。于"顺其性、驰其想"中，帮助学生成为理性、开放、包容、负责的批判性思维者，让学生成为心智自由的学习者，为创新创造做好准备。

所有的支持最终都是为了学生的发展。真正的教育教学应是以学生的认知结构作为起点，以学生自主建构良好的认知结构作为终点（同时也是下一阶段的起点），尽力为学生提供切实有力的支持，引领他们学会发现、学会学习，真正地提升其核心素养，成长为适应未来社会的创新人才。